Mama, aquest llibre és per a tu. T'estimo molt

Agradecimientos:

A mi hijo Yassin, mi gran maestro, mi amor, mi TODO;
A mi familia, al lado de los que he crecido en todos los sentidos;
A Oliva, un ángel;
a Aleix, autor del dibujo de la portada;
a Ramón por acompañarme tantos años en mi carrera y por ser un padre modélico;

ÍNDICE

Tema 1. La familia reconstituida: definición, presencia y tipos
1.1. Definición de la familia reconstituida 13
1.2. Tipos de familias reconstituidas 15
1.3. Características propias y mitos sobre las familias reconstituidas 18

Tema 2. Separación en la familia y cómo gestionarla
2.1. El conflicto en la pareja 29
2.2. ¿Es mejor seguir con la relación de pareja por el bien de los niños? 31
2.3. Ruptura de pareja: causas, proceso y desenlace 38
2.4. La mediación familiar.................................... 43
2.5. Custodia y régimen de visitas........................ 48
2.6 Datos demográficos..................................... 55

Tema 3. Una nueva pareja y una nueva familia
3.1. ¿Qué problemas debe afrontar la nueva pareja?... 59
3.2. Cuidar la nueva relación de pareja 70
3.3. La resolución de conflictos en la pareja de la familia reconstituida 77

Tema 4. ¿Cómo afecta a nuestro entorno la ruptura y la reestructuración familiar?
4.1. ¿Cómo afecta a nuestros hijos la ruptura? 81
4.2. Estilos educativos y familia reconstituida 92
4.3. ¿En qué forma afecta a nuestros hijos la nueva relación e inclusión de los nuevos miembros en el núcleo familiar?.. 96

Tema 5. Viejos rencores, nuevos problemas
5.1. La relación entre los ex cónyuges como predictor del buen funcionamiento en la familia reconstituida 103
5.2. El síndrome de alienación parental (SAP) 106

Tema 6. Fomentar la comunicación y la confianza y la consolidación de vínculos afectivos
6.1. La consolidación de nuevos vínculos afectivos 109
6.2. El papel de las emociones en la creación de vínculos y la inteligencia emocional en la familia................ 112
6.3. Tareas terapéuticas para la cohesión familiar 115

Tema 7. ¿Cómo podemos ayudar a instaurar un clima armonioso en los diferentes sistemas de convivencia?
7.1. Un hogar acogedor para todos..........….............. 119
7.2. Fomentar un buen ambiente y realizar actividades agradables en la familia 121
7.3. El funcionamiento de la familia reconstituida. Repartición de responsabilidades y tareas 122
7.4. Ventajas e inconvenientes de la familia reconstituida 127
7.5. Reservar un espacio individualizado con los niños..... 128

Bibliografia................................…....................... 131

¿CÓMO SURGE LA IDEA DE ESCRIBIR UN LIBRO SOBRE FAMILIAS RECONSTITUIDAS?

La idea de escribir este libro surge a raíz de la vivencia propia de un proceso de divorcio y de la reconstrucción de una nueva unidad familiar. Asimismo, como profesional del ámbito de la psicología, consideré que el hecho de profundizar en el estudio del funcionamiento y los problemas con los que se enfrentan las familias reconstituidas me resultaría muy útil para poder llevar a cabo una intervención satisfactoria en aquellas familias que cuentan con una estructura familiar de este tipo.

En este libro se exponen ideas, consejos y explicaciones que ayudaran al lector a adoptar una visión más amplia sobre el concepto de familia y que le ayudaran a empatizar mejor con los sentimientos y las necesidades del resto de los miembros de la unidad familiar de la que forma parte. Con la divulgación de la temática expuesta en este documento, obviamente, no solo pretendo prevenir y resolver pequeños y grandes problemas sino que también deseo ayudar a fomentar los vínculos afectivos entre todos los miembros que forman parte de la unidad familiar. Los vínculos afectivos son, sin duda alguna, el pilar imprescindible para el sostén y el buen funcionamiento de todas las familias del mundo, con total independencia de cuál sea su estructura.

INTRODUCCIÓN:

La familia como institución tiene una gran relevancia. Dentro de la estructura social es una unidad básica, y es también la primera entidad social a través de la cual el individuo interactúa con las personas de su entorno y de la que recibe apoyo emocional e instrumental. La unidad familiar es la estructura en la que se transmiten los valores morales y las normas de convivencia. Es un ente en el que viven personas relacionadas por un grado de parentesco, que están vinculadas afectivamente y que comparten proyectos comunes. En lo que se refiere al grado de parentesco existente entre los miembros de la familia, y desde el ámbito jurídico, se distinguen tres tipos de vínculos:

- ✓ El **vínculo consanguíneo**: que sería el que uniría a familiares vinculados por lazos biológicos, esto es, que tienen ascendentes comunes. En el caso de los vínculos consanguíneos, parte de la dotación genética heredada será común debido a que ha sido transmitida por ascendentes comunes.

- ✓ El **vínculo por afinidad**: este tipo de vinculación familiar es la que establece el individuo con su cónyuge así como los vínculos que establece con la familia consanguínea de éste.

- ✓ El **vínculo civil**: es aquel vínculo familiar que se establece mediante un proceso de adopción y que se hace extensivo al resto de la familia.

El concepto de "familia" como institución varía según el momento histórico que vivimos así como también variará en función de las influencias culturales existentes. La pareja y la familia siguen ocupando, en muchos casos, el primer lugar dentro de las prioridades con relación a los diferentes ámbitos de nuestras vidas. Es decir, que la mayoría de las personas priorizan la relación de pareja y la familia por delante de otras facetas de su vida como pueden ser: las amistades, su carrera profesional, sus proyectos a nivel académico e incluso, su propio crecimiento personal.

Aunque las formas y las estructuras familiares puedan ser cambiantes, la familia, como institución, va a prevalecer ya que es un valor muy importante. Cada individuo valora, en gran medida, el apoyo y la seguridad que le brinda la familia sea cual sea su forma. Así pues, la familia sigue siendo el principal sustento para el individuo con independencia de que ésta sea más o menos convencional. Para el individuo, la familia sigue siendo un pilar esencial, independientemente de que la unidad conviva de forma conjunta o bien conviva en dos hogares distintos; se unan o no otros nuevos miembros a la unidad familiar, o de que sea ésta más o menos extensa. De cualquier forma, la familia seguirá ocupando un lugar prioritario para cada individuo y seguirá siendo la primera fuente de amor, afecto, confianza y seguridad. Por lo tanto, la unidad familiar ha sido, y seguirá siendo, un refugio para cada individuo independientemente de cuál sea su forma.

En los últimos años, se ha producido un significativo descenso en el número de matrimonios, y por el contrario, un

notable incremento en el número de divorcios y separaciones. Este cambio sociodemográfico tiene, indudablemente, importantes repercusiones sociales.

Por otra parte, ha aumentado considerablemente el número de uniones de hecho, es decir, que se han constituido parejas que deciden vivir juntos y que simplemente, mantienen una relación afectivamente satisfactoria y de larga duración sin que esta vinculación quede registrada ni en las estadísticas, ni en el registro civil. Muchas de estas nuevas uniones van a formar familias reconstituidas ya que, en muchos casos, uno o ambos miembros, tienen hijos de una relación anterior.

En resumen, desde hace unos años, la separación y el divorcio se han ido convirtiendo en un fenómeno cada vez más frecuente originando un sinfín de casos de ruptura familiar. Actualmente, el concepto de familia es mucho más amplio de lo que lo había sido en décadas anteriores y abarca múltiples modelos y combinaciones. En décadas anteriores la unidad familiar se formaba con una pareja heterosexual que contraía legalmente matrimonio y que tenía, como principal proyecto común, la formación de una familia. Dicho modelo familiar estaba claramente definido en el ámbito legal y era congruente con el concepto de "familia" que predominaba entonces en la sociedad. Además, en esta estructura, no cabía la posibilidad de que los miembros que conformaban la pareja pudieran separarse y, en el caso de que se produjera, la separación se hacía bajo circunstancias excepcionales que, en la mayoría de los casos, implicaban el abandono del hogar por uno de los dos miembros de la pareja. Debido a que esta situación era algo muy excepcional, y a que la legalidad vigente no la contemplaba como una opción, entonces, la separación era un acontecimiento que solía resultar sumamente traumático para todos los miembros de la familia, y en el caso de que ésta aconteciera, sus miembros deberían soportar un notable rechazo social.

Porque 1+1 no siempre son 2
Guía de soporte para familias reconstituidas

Actualmente, el concepto de familia es muy amplio y comprende varias formas. Hay muchas combinaciones de pareja y no es necesario ni que legalicen su situación, ni que tengan descendencia, ni que tampoco sea una pareja de orientación heterosexual. En la actualidad, lo que define a la pareja es la vinculación sentimental que existe entre sus miembros y no tanto el hecho de si tal relación está o no reconocida legalmente. Hoy en día, el modelo de familia tradicional formado por una pareja heterosexual y sus hijos ya no es tan predominante como lo fue en décadas anteriores, en las que cualquier otra forma de familia no estaba reconocida, ni social ni jurídicamente, y que además, era estigmatizada y rechazada socialmente. Hoy por hoy, existe una gran diversidad de modelos familiares entre los que podemos citar:

- La familia compuesta por **una pareja heterosexual y sus hijos**
- **La familia monoparental** (con un solo padre o madre y uno o más hijos)
- La familia formada por una pareja que decide libremente **no tener descendencia**
- La familia formada por **una pareja homosexual y sus hijos** o bien,
- **La familia reconstituida**, en la que uno o ambos miembros de la pareja ya tiene uno o más hijos de una relación anterior.

Estos serían algunos de los modelos actuales de familia que podemos encontrar en la actualidad. Ciertos factores que pueden haber contribuido o que correlacionan con estos cambios son:

- ✓ El incremento de las uniones de hecho en detrimento de la nupcialidad, esto es, el aumento de parejas que no constan en el Registro Civil
- ✓ El incremento de los casos de divorcio
- ✓ La mejor aceptación social de la homosexualidad y el reconocimiento legal de estas parejas
- ✓ Los procesos de adopción, que han facilitado la formación de familias monoparentales y familias homoparentales
- ✓ El incremento de la esperanza de vida. La mayor longevidad contribuye también al hecho de que algunas personas formen una familia por segunda, e incluso por tercera vez.
- ✓ La amplitud de miras de nuestra sociedad. Este hecho implica la aceptación de la ruptura de parejas así como la aprobación de nuevas uniones.
- ✓ La interiorización de un concepto de "familia" diferente al tradicional. Actualmente, hay una mayor aceptación respecto al hecho que la unión de una pareja no es necesariamente para "toda la vida". El compromiso respecto al otro miembro de la pareja no es ahora "para siempre y hasta que la muerte los separe" sino que este compromiso e implicación respecto a la familia y al matrimonio como instituciones, tiene un carácter condicional y revisable.

TEMA 1 - LA FAMILIA RECONSTITUIDA: DEFINICIÓN, PRESENCIA Y TIPOS

1.1. DEFINICIÓN DE FAMILIA RECONSTITUIDA

La familia reconstituida ha recibido también otras denominaciones como las de **"familia amalgamada"**, **"familia ensamblada"** o **"familia reconstruida"**. En este libro utilizaremos preferiblemente el término de familia reconstituida. La familia reconstituida es aquella en la que dos adultos forman una nueva pareja y en la que, por lo menos, uno de ellos tiene hijos de una relación anterior. En estas familias, como mínimo, uno de los dos miembros que forman la pareja pueden ser: viudos, separados, divorciados o miembros de una familia monoparental. En Occidente, la mayoría de las familias reconstituidas se componen de personas que se han separado o divorciado de su anterior pareja.

En ningún caso, una familia reconstituida será aquella en la que uno o ambos miembros de la pareja se case en segundas nupcias, sin que ninguno de ellos tenga hijos de relaciones anteriores. Esto significa que lo que diferencia, define y caracteriza a estas familias es el hecho de que, como mínimo, un miembro de la nueva pareja tenga ya uno o más hijos de una relación anterior. De acuerdo a todo lo expuesto, **una familia reconstituida se forma a partir de la unión de dos adultos que deciden formalizar una relación de pareja y en la que además, uno de ellos o ambos, aporta a la nueva relación, hijos que son fruto de otra relación anterior.** Por lo tanto, es condición indispensable que, como mínimo, un miembro de la pareja tenga ya descendencia antes de la formación de esta nueva unidad familiar.

Las investigaciones centradas en el estudio de este modelo familiar son muy necesarias dado el aumento de la presencia de estas familias. Sin duda, los miembros de este modelo familiar van a tener necesidades específicas añadidas y que son propias de este tipo de familias. Nuestro cometido es contribuir a la satisfacción de tales necesidades, así como también, abordar todas aquellas dificultades que les puedan surgir. Por lo tanto, debido al hecho que estas familias presentan una estructura, un funcionamiento y unas necesidades diferentes a las de la familia convencional o nuclear, se hace necesario el estudio de las distintas problemáticas que les puedan surgir para poder, posteriormente, diseñar programas de intervención eficaces que faciliten el abordaje y la resolución de las complicaciones inherentes a este tipo de familias.

En la actualidad, la familia ya no es un ente estático sino que es algo cambiante a lo largo del tiempo. Es una unidad que puede estructurarse de distintas formas. Este nuevo concepto de familia como una estructura dinámica se debe a factores como los que citamos a continuación:

- ✓ Se ha constatado un importante descenso en el número de matrimonios. Es decir, que las nuevas parejas, en muchos casos, no formalizan legalmente su situación
- ✓ Se han incrementado notablemente las segundas nupcias
- ✓ Las familias monoparentales, las homoparentales, las parejas o matrimonios sin hijos y, las familias ensambladas, han multiplicado su presencia

Estos son algunos de los modelos familiares que podemos encontrar en la sociedad actual. Tanto la aparición de estos distintos modelos familiares como la ruptura de pareja, la separación y el divorcio, son elementos cada vez más comunes y aceptados a nivel social. Sin duda alguna, la aceptación y el reconocimiento social de estos modelos, ayuda a normalizar las distintas composiciones familiares y facilita su correcto funcionamiento como unidad familiar, sea cual sea su estructura.

1.2. TIPOS DE FAMILIAS RECONSTITUIDAS

Como ya hemos expuesto, la familia reconstituida es aquella formada por una pareja en la que, por lo menos, uno de sus miembros trae consigo hijos de una relación anterior. Esta condición es imprescindible para que podamos hablar de familias reconstituidas y, sin duda, acarrea consigo muchos desafíos. **La complejidad de estas familias viene determinada, en parte, porque son creadas después del proceso de ruptura acontecido en otra familia.** La disolución de la que era la familia anterior puede producirse a través de un proceso de divorcio, abandono, viudedad...etc. Por lo tanto, **los miembros que anteriormente formaban parte de otra familia, deberán afrontar un proceso de adaptación a la nueva situación y composición familiar.** En definitiva, en estas familias, el punto de partida tiene que ver con la pérdida de una forma de vida previa. Por ejemplo, en el caso de padres separados, para los hijos, el divorcio implica adaptarse a un nuevo estilo de vida, y en cualquier caso, será necesario asumir una forma distinta de familia a la que tenían con anterioridad. Todo ello, con independencia de si sus progenitores acaban formando o no, una nueva pareja con otra persona. Es decir que, independientemente de si sus padres deciden formar una nueva familia al lado de otra persona, todos los miembros de la familia deberán pasar igualmente por un proceso de ruptura familiar que implica renuncias, cambios y que va a necesitar de muchas habilidades, y de grandes dosis de paciencia y de empatía que fomenten una buena readaptación.

En los casos en los que el divorcio se produjera mucho tiempo antes que la formación de la nueva familia, igualmente, los niños deberán adaptarse a una situación nueva, ya que pasaran de convivir solamente con su progenitor y sus hermanos, en caso que los hubiera, a convivir con la pareja de su progenitor y los hijos de esta, en el caso de que existan. Esto mismo pasaría también con los hijos de las familias monoparentales, es decir, que aunque la formación de la nueva familia no implique que se produzca una ruptura familiar porque solo cuentan con un adulto (padre o madre), la nueva familia implicará siempre cambios importantes y un proceso de adaptación a la nueva situación familiar. Probablemente, en este caso, la inclusión de la nueva pareja del progenitor y sus hijos al núcleo familiar, acarreará un conjunto de cambios que el niño o los niños que forman parte de la familia monoparental, percibirán como un agravio. Esta situación implicará también, en mayor o menor medida, la pérdida de privilegios, dedicación y atenciones de las que estos niños disfrutaban, en exclusiva, hasta el momento.

Las familias reconstituidas se categorizan en:

- **Familias reconstituidas simples,** que son aquellas en las que solo uno de los miembros de la pareja tienen hijos de una relación anterior, y

- **Familias reconstituidas complejas**, que son aquellas familias formadas por parejas en las que ambos miembros tienen hijos de relaciones anteriores.

Dentro de esta clasificación, nos encontramos con distintas combinaciones de familias reconstituidas. Estas familias podrían nacer a partir de las combinaciones siguientes:

- La familia en la que uno de los cónyuges es madre (biológica) soltera
- La familia compuesta por un padre o madre viudo/a con hijos de su anterior relación
- La compuesta por una madre o padre adoptivo que formó una familia monoparental previamente a la creación de la familia reconstituida
- Aquella familia en la que, uno de los cónyuges, es padre o madre separado/divorciado con hijos fruto de su relación anterior y, finalmente,
- La familia en la que ambos miembros son padres/madres y que, por lo tanto, tienen hijos de su anterior relación.

Tal vez, una de las combinaciones que acarrea más complicaciones, es el caso de aquellas parejas que se componen de dos personas separadas o divorciadas y en la que ambas tienen hijos de su anterior relación. La situación puede complicarse todavía más si la nueva pareja decide tener hijos en común. Dentro de las dinámicas de estas familias hay muchas interferencias de personas externas a la unidad familiar. Este sería el caso de los ex cónyuges y la familia extensa de éstos. A menudo, el núcleo familiar no queda bien definido, y a cada miembro, le resulta difícil entender cuál es exactamente su papel así como el de los demás miembros que forman parte de la unidad familiar.

En la familia convencional, la pareja se consolida con anterioridad a la aparición de los hijos, en cambio, en la familia reconstituida, existe la relación paterno-filial con anterioridad a la formación de la nueva pareja. Por lo tanto, esta diferencia va a condicionar, sin duda alguna, todo el funcionamiento familiar y requerirá de una gran capacidad y voluntad de adaptación por parte de todos sus miembros.

Actualmente, es muy frecuente este tipo de familia reconstituida. En cambio, a principios del siglo XX el modelo de familia reconstituida que más predominaba y que era aceptado era aquella familia en la que uno de sus miembros había enviudado y se casaba en segundas nupcias. Este modelo era relativamente habitual debido a que la esperanza de vida era corta y las personas podían enviudar cuando todavía eran bastante jóvenes.

1.3. CARACTERÍSTICAS PROPIAS Y MITOS SOBRE LAS FAMILIAS RECONSTITUIDAS

La familia reconstituida, sin duda alguna, se estructura de una forma diferente a la familia convencional. Esta diferencia hace referencia a que, algunos de sus miembros forman parte de más de una unidad familiar. Conforme a esta característica que la distingue, las dinámicas de funcionamiento familiar que se generarán, serán también diferentes de las que se puedan generar en una familia convencional. Es una cuestión clave que todos los miembros que componen la familia reconstituida tengan presente esta diferencia. Sobre todo es necesario que los progenitores de la unidad familiar entiendan que este modelo tendrá unas dinámicas más complejas. De no ser así, entonces estarían consolidando unos fundamentos que, probablemente, no les van a servir para sostener este tipo de estructura familiar.

En estas familias, los cambios y el acoplamiento de los miembros que las conforman, se producen de forma menos progresiva que en otras familias. En este caso, un miembro de la pareja no debe solo acoplarse al otro miembro sino también a los hijos de éste. En este punto solo nos estamos refiriendo a cambios, acoplamiento y adaptación a la nueva situación, pero con ello no estamos diciendo que los vínculos afectivos se creen también de una forma rápida, ya que para crear y consolidar tales vínculos, así como para la aceptación y la adaptación satisfactoria a la nueva situación familiar, será necesario que pase un periodo de tiempo más o menos largo. La duración de este periodo va a depender de diversos factores a los que vamos a referirnos más adelante.

Por consiguiente, la creación de estas familias es, por lo general, más compleja que la constitución de aquellas familias que nacen a partir de la unión de los dos miembros de la pareja y en la que ambos son, en un principio, los únicos componentes de la familia. Debemos tener en cuenta que, en estas familias, aparecen una serie de características que no acontecen en las familias intactas y que sus miembros deben afrontar muchos cambios en un periodo de tiempo relativamente corto. Algunos de estos cambios y los objetivos que la familia deberá conseguir para superarlos son:

- ∂ Asumir y aceptar la separación (o la muerte) de la pareja tanto por parte de los niños como por parte de ambos miembros que formaban la pareja. Por lo tanto, con lo primero que se encuentran los miembros que van a formar parte de esta nueva familia es con una pérdida. Es decir,

Porque 1+1 no siempre son 2
Guía de soporte para familias reconstituidas

que deberán aprender a afrontar, aceptar y superar un proceso doloroso, de pérdidas, de ruptura, de conflicto...etc

∂ Adaptarse a la separación de la familia en dos hogares distintos. Este hecho comportará que uno de los dos miembros de la pareja tenga que abandonar el que hasta el momento, era su hogar y los niños deberán asumir que tendrán dos hogares distintos.

∂ Los niños deben asimilar que siempre que estén con uno de sus progenitores, no estarán con el otro y, por lo tanto, esto significa que será muy improbable que puedan volver a realizar actividades de ocio conjuntamente o encuentros familiares con las dos familias de origen de sus progenitores.

∂ Para los niños, la ruptura de pareja también va a suponer pasar menos tiempo con cada uno de sus progenitores, ya que mientras ambos padres compartían el mismo hogar, los hijos podían disfrutar de la compañía de ambos al mismo tiempo.

∂ Los niños conocerán a la familia extensa de su padrastro/madrastra, y en caso que esta familia no acepte la nueva relación, los niños no se van a sentir aceptados ni queridos por esa familia. Si esto sucediera, sin duda alguna, este rechazo, ya sea más o menos explícito, puede generar en ellos sentimientos de dolor e inseguridad.

∂ Asimismo y para terminar, si uno o ambos miembros que conformaban la pareja deciden formalizar una nueva relación, los niños deberán asimilar que su padre o su madre está junto a otra persona y todo lo que ello conlleva: convivir con la pareja de su progenitor y con los hijos de ésta (en caso que los hubiera), así como adaptarse a nuevas formas de funcionamiento y diferentes normas de convivencia.

Los adultos que deciden constituir una nueva familia deberán velar por:

- ✓ La adaptación entre los miembros que la componen. Los niños deberán adaptarse, aceptar, respetar y aprender a querer a quien sea la nueva pareja de uno de sus padres y a los hijos de ésta, si es que los tiene. Por lo tanto, el niño deberá compartir a su padre o a su madre no sólo con su nueva pareja sino también con sus hijos. A los niños más pequeños, generalmente, este proceso les resulta más fácil que a los niños mayores o adolescentes.

- ✓ La nueva pareja deberá adaptarse, aceptar y querer a los niños de quien es ahora su cónyuge e implicarse también en su crianza y educación.

- ✓ En caso que una de las familias extensas no acepte a la nueva pareja y a sus hijos, entonces, se deberá procurar que el contacto sea mínimo. Se deberá prestar especial atención a las interacciones que puedan producirse en los encuentros familiares y hablar, si creemos que puede servir de ayuda, con la familia extensa con el objetivo de intentar solucionar el problema. En caso que no se solucionara, tal vez la mejor opción sería centrarse en consolidar más el sentido de pertenencia a la nueva familia e intentar organizarse de forma que la nueva familia no dependa de su ayuda ni para el cuidado de los niños, ni para ayudar en las tareas domésticas. Si este fuera el caso, nunca debemos perder la esperanza. Debemos tener en cuenta que, en muchas ocasiones, con el paso del tiempo, se aceptan los cambios y se aprende a valorar a las personas de nuestro entorno. Por lo tanto, pasado un periodo de tiempo determinado, muchas familias que en un principio mostraban cierta oposición a la creación de la nueva unidad familiar, acaban aceptándola y otorgándole un reconocimiento pleno.

- ✓ Ambos miembros de la pareja, así como sus hijos, llegan a la nueva relación con unas pautas y estilos educativos ya consolidados. Asimismo, todos tienen establecida también su propia escala de valores y su propio sistema de funcionamiento familiar y de organización del hogar. Desde el momento en que constituyen una nueva unidad familiar, deberán adaptar y consensuar una serie de normas para la convivencia como pueden ser unos horarios para los niños (que comprendería aspectos como el tiempo de dedicación empleado a los estudios o el tiempo que van a dedicar al ocio). A su vez, deberán también establecer cuál va a ser el grado de implicación tanto de los adultos como de los niños en el funcionamiento del hogar y la realización de las tareas domésticas. Todos estos aspectos deberán ser readaptados, consensuados y respetados por ambos miembros de la pareja con la finalidad que se dé coherencia y que el cumplimiento de tales normas sea el mismo tanto para los hijos de un miembro como para los hijos del otro, Estas normas deberán respetarse de igual forma aunque unos permanezcan más días que los otros en el hogar común. Por lo tanto, deberán evitar en la medida que sea posible, establecer diferencias a la hora de educar y criar a los niños, No vale ser más autoritario o permisivo con unos que con otros por el hecho que sean o no nuestros hijos. En el caso que esto sucediera, los niños vivirían como un agravio estas diferencias, y por este motivo, deberá evitarse a toda costa esta situación de desigualdad.

Todo esto deberá llevarse a cabo, respetando también las diferencias que puedan tener ambos cónyuges en los estilos educativos que les eran propios hasta el momento de crear la nueva unidad familiar. Es decir que, aunque deberán consensuar unas normas de convivencia, se deberá también respetar la forma en que cada uno eduque a sus hijos. Debemos tener muy claro que los hijos del otro miembro no son los nuestros, tienen dos padres que se responsabilizan de su educación y nosotros no podemos imponer nuestro criterio. En conclusión. De lo que se trata, es de establecer un equilibrio entre, el estilo educativo que predominaba en ambas familias previamente a la constitución de la nueva, y las nuevas normas que van a regir el funcionamiento de este nuevo hogar. Conseguir este equilibrio no va a resultar una tarea fácil, aunque perseverar en ello debería ser una tarea clave e imprescindible para consolidar los cimientos de esta nueva familia.

- ✓ La nueva familia deberá negociar y velar por la conciliación con el o la ex cónyuge y conciliar/adaptar su forma de vida, en la medida que les resulte posible, a como sea la forma de organizarse de la otra familia. Es decir, que aunque cada unidad familiar se regirá por sus hábitos, sus normas o sus valores, si estos difieren demasiado los unos de los otros, este hecho puede generar gran confusión en los niños y por ello intentaremos reajustar ciertos aspectos para que la disparidad no sea tan notable.

Los mitos en las familias reconstituidas:

En su artículo *"Organizaciones familiares diferentes. La familia reconstituida"*, **Carmen Susana González Montoya** y

Alejandro González Villena, mencionan los siguientes mitos que existen sobre las familias reconstituidas:

- ✓ El primer mito al que los autores se refieren afirma que: **la familia reconstituida se integra rápidamente.** Esta idea es falsa y de hecho, diversos estudios demuestran que la integración familiar se consolida en el periodo de tiempo que transcurre entre los 4 y los 7 años a partir de su constitución, y que además, hasta que la familia no tiene 2 años de vida no se da un clima de confianza y de plena estabilidad familiar. Los autores también indican que los primeros años son los más difíciles para todos sus miembros.

- ✓ El segundo mito al cual se refieren estos autores es que **la familia reconstituida va a ser igual que la familia anterior.** Esto tampoco es cierto, ya que cada familia presenta particularidades propias y formas de funcionamiento diferentes a las de las otras familias. La negación o el desconocimiento de estas diferencias va a ser, sin duda, fuente de conflictos. Además, como ya hemos dicho, la familia reconstituida cuenta con características propias que la distinguen de las familias intactas.

- ✓ Un tercer mito es que **el amor entre los diferentes miembros que conforman la familia reconstituida surge de forma instantánea.** Esta es otra falacia ya que, en la formación de cualquier vínculo, se requiere de un periodo de tiempo determinado para que surja el cariño entre los diferentes miembros. Los vínculos afectivos se establecen y se fortalecen a partir del recuerdo de los buenos momentos compartidos y con las muestras de empatía, tolerancia y afecto. Por lo tanto, los vínculos afectivos, ni se forman rápidamente ni se crean sin constancia, voluntad y buena intención.

✓ Otro mito hace referencia a la creencia errónea de que **las madrastras son malvadas.** Por supuesto, esta idea es también falsa. Hay madrastras (y padrastros) que adoran y que son muy queridos por los hijos de sus parejas. Seguro que podemos encontrar infinidad de casos en los que estas figuras son muy respetadas y estimadas por sus hijastros.

✓ Otra creencia errónea es que **cuando los padres se divorcian y se vuelven a casar, el daño que esto va a causar en sus hijos va a ser permanente e irreparable.** Sin embargo, según las estadísticas, solo un tercio de estos niños no aceptan la nueva relación.

✓ Otra idea equivocada es que **la integración de la nueva familia va a resultar más fácil si el niño ve poco al otro progenitor.** Esto también es falso, ya que si el niño no está a menudo con uno de sus padres, esta situación fomentará que lo idealice, y que por lo tanto, no valore de forma justa y objetiva al progenitor con el que convive y a su nueva pareja.

✓ Otro mito es aquel que sostiene que **cuando un progenitor se casa después de enviudar, entonces, las relaciones en la familia son más fluidas que cuando las segundas nupcias acontecen después de un divorcio.** Esto tampoco es cierto, ya que los niños pueden vivir la formación de esta nueva familia como una traición al progenitor fallecido y además, les puede dar la sensación que el padrastro o la madrastra vienen a sustituir a su padre o madre ausente.

✓ Y por último, es falso también que **la familia reconstituida esté tan unida como la familia original o intacta.** Esta idea está también mitificada y lo cierto es que, generalmente, los sentimientos de cohesión y lealtad familiar son menos intensos en este tipo de familias que los sentimientos de cohesión y lealtad que se dan en una familia intacta.

El fomento y el mantenimiento de estas falsas creencias por parte de los miembros que componen la familia va a propiciar, irremediablemente, que se generen unas expectativas que no se van a cumplir. El incumplimiento de estas expectativas acabará abocando a la familia al fracaso.

¿Qué características definen a las familias reconstituidas?

C.S. González Montoya y A. González Villena, en el artículo en el que nos referíamos anteriormente, citan también una serie de características propias de las familias reconstituidas. Estas características son:

- **La relación paterno-filial surge con anterioridad a la relación de pareja.** A diferencia de la familia convencional en la que, en primer lugar, se forma la pareja, y en segundo lugar, esta decide tener descendencia, las familias reconstituidas están formadas por dos adultos y los hijos de uno o ambos miembros que son fruto de una relación anterior. Por lo tanto, en estos casos, el vínculo paterno-filial, precede al vínculo de pareja.

- **Las responsabilidades parentales no corresponden solo a los miembros de la pareja de dicha familia,** sino que hay varios adultos implicados en la educación y la crianza de los niños. Este hecho propiciará que, en estas familias, se dé un mayor número de interacciones familiares y esto puede acarrear confusión y algún desacuerdo.

- **Uno de los adultos no va a estar ni legal ni biológicamente vinculado con los hijos de su pareja.** Esta condición podría generar diferencias en la forma de atender a cada uno de los niños, en función de si son hijos propios o hijos del otro miembro de la pareja. Así, en ocasiones, se mide con una vara diferente el comportamiento de cada uno de los niños, y este hecho, puede ser percibido por los niños como un agravio.

- **Los diferentes miembros de la familia están pasando, o bien han pasado ya, por un proceso de ruptura familiar y de pérdida.** Sin duda, este proceso habrá causado mella tanto en los niños como en los adultos y serán necesarias grandes dosis de apoyo, ternura, paciencia, atenciones, y de mucha empatía y comprensión.

- **Los niños que forman parte de dos familias deben adaptarse a la cotidianidad, a las normas y a los ritmos propios de cada uno de los dos hogares.** Precisamente, por esta cuestión, recomendábamos anteriormente que se intentara realizar un buen trabajo de coordinación entre ambos hogares con la finalidad de unificar criterios, ya que este punto es muy importante para generar sensación de seguridad en el niño, y le transmite también, que hay coordinación y acuerdo entre los adultos que son responsables de su crianza y de su educación.

- **Los niños van a pertenecer a dos hogares distintos pero, en cada uno de estos hogares, estará siempre ausente uno de sus progenitores.** Deberemos tener en consideración los sentimientos que esta situación puede generar en los niños y ayudarles a gestionar y a expresar las emociones que estas circunstancias les puedan originar.

➢ **No existe una historia familiar común para todos los miembros de la nueva unidad familiar,** y sin embargo, sí que algunos de sus miembros comparten historia de familia con otras personas que no forman parte de este nuevo núcleo familiar.

➢ **En estas familias se da una menor cohesión familiar.** Esta menor cohesión se debe, justamente, a la poca historia que comparten, a las interacciones que llegan desde fuera de la familia y a incongruencias respecto al establecimiento y al cumplimiento de las normas de convivencia.

➢ Estas familias, generalmente, **deben asumir un mayor número de cambios en un periodo de tiempo relativamente corto.** Las etapas no se suceden de la misma forma que en las familias no reconstituidas. Es decir que, en una familia convencional, el niño nace y va creciendo al lado de sus padres, y los adultos de la familia, ven a su hijo crecer. En cambio, en una familia reconstituida, tanto los niños como los adultos deben aprender a convivir con otros miembros a los que apenas conocen. Es decir que, de repente, pueden encontrarse conviviendo en casa con uno de sus progenitores y con más personas que se han acoplado a su familia. Por eso se dice que estas familias son familias que se encuentran en transición. Durante los primeros años de vida de estas familias acontece un periodo de adaptación y de acoplamiento entre todos los miembros que componen la que es ahora una nueva unidad familiar. En estas familias el orden de las etapas se altera y se acelera su curso.

TEMA 2 – LA SEPARACIÓN EN LA FAMILIA Y CÓMO GESTIONARLA

2.1. EL CONFLICTO EN LA PAREJA

Una relación de pareja estable y deseada nos aporta plenitud y bienestar personal. En general, sus miembros gozan de una mejor salud física y mental que las personas que viven sin pareja. Asimismo, una relación de pareja conflictiva, acarrea malestar de forma continuada en ambos miembros de la pareja, y obviamente, también en todas aquellas personas que conviven con ellos. Acontecimientos como: las discusiones continuas, el estrés, el distanciamiento emocional o el sentimiento prolongado de desilusión, pueden ser factores desencadenantes de un trastorno físico o psicológico. Como acabamos de indicar, la falta de satisfacción respecto a la relación de pareja, puede acarrear problemas a nivel de salud, tanto física como mental. Sin embargo, la ruptura de la relación va a acarrear también un alto coste a nivel emocional, y en ocasiones, desacuerdos permanentes en lo que se refiere a la separación de bienes y a todo lo relacionado con la custodia y la educación de los hijos, en el caso de que los hubiera.

Cuando los conflictos y el desacuerdo se van instalando en la vida de pareja, esto puede provocar la ruptura; la instauración de un clima predominantemente hostil; la incomunicación y el aislamiento; la pérdida total de intimidad y conexión a nivel emocional entre ambos miembros. En muchos casos, aparece la comunicación agresiva entre ambos como característica predominante en la relación. Este estilo comunicativo dará lugar, sin duda alguna, a un clima permanentemente hostil y que va a afectar a todos los miembros de la unidad familiar.

Además, los conflictos continuados en la pareja, van a tener repercusiones no sólo a nivel intrafamiliar sino también en el ámbito social y de la salud:

- En lo que se refiere al ámbito social, las repercusiones de vivir en un ambiente familiar hostil se reflejan en un mayor índice de fracaso escolar entre los adolescentes, una mayor incidencia de violencia infantil y juvenil, y un porcentaje más elevado de violencia intrafamiliar.

  Los conflictos continuados son altamente estresantes para los hijos y merman la calidad de las relaciones paterno-filiales, creando así, dinámicas familiares poco adaptativas. De esta forma, la familia puede entrar en una dinámica muy negativa que se retroalimenta de interacciones que resultan dañinas para todos sus miembros. Además, el tipo de relaciones familiares establecidas van a servir de modelo de relación a los hijos en un futuro, y por lo tanto, si se basan en este modelo tan pobre y tan poco ejemplarizante, entonces, es probable que en su vida adulta adopten patrones relacionales poco adaptativos y totalmente insatisfactorios.

  Los conflictos de pareja pueden propiciar también que los hijos de estas parejas presenten dificultades para establecer relaciones íntimas a lo largo de todas las etapas de su desarrollo. Asimismo, es también muy probable que puedan consolidar un buen nivel de autoestima.

- Por otra parte, si nos centramos en el ámbito de la salud, sabemos que la relación de pareja es un elemento que promueve la salud y que, tanto los conflictos continuados, como la ruptura de la relación, aumentaran notablemente el riesgo de padecer diversas patologías, tanto físicas como mentales. Dichas patologías podrían darse tanto, en ambos miembros de la pareja, como en sus hijos.

Podemos concluir pues, que la vivencia del conflicto familiar y/o de pareja puede acarrear consecuencias devastadoras para todos los miembros de la familia. Por otra parte, divorciarse también va a conllevar efectos negativos y cambios en la dinámica familiar y en la vida de cada uno de los cónyuges. Algunas de las repercusiones negativas que supone la separación, entre muchas otras, son los cambios que afectan negativamente a la economía familiar. **Bartfeld** considera la separación como uno de los mejores indicadores de pobreza, sobre todo, en el caso de las mujeres. Sin duda, el hecho de dejar de compartir los gastos de un hogar común va a tener repercusiones en la economía doméstica de ambos miembros, y en función de cuales sean los ingresos económicos de la familia en su conjunto y de cada uno de los miembros de la pareja, la separación puede tener efectos devastadores en la calidad de vida de esta familia.

2.2. ¿ES RECOMENDABLE SEGUIR CON LA RELACIÓN DE PAREJA POR EL BIEN DE LOS NIÑOS?

Mantener una relación de pareja conflictiva y en la dinámica de la cual se acaba incluyendo a los niños, puede provocar en ellos efectos mucho más devastadores que los que puede provocar el divorcio de sus padres. Diversos estudios demuestran que, para los niños, es menos dañino el divorcio de sus padres que el hecho de estar inmersos, de forma continuada, en un clima familiar hostil donde reina el resentimiento, la tensión, el desprecio, el sarcasmo o la indiferencia. A largo plazo, los hijos de padres divorciados presentan un mejor ajuste que los hijos de padres que siguen juntos pero entre los que se ha instaurado un clima de convivencia tóxico, emocionalmente hablando. Convivir con unos padres que fomentan un ambiente en el que no aparecen muestras de afecto entre los miembros de la pareja y en el que aparecen signos de hostilidad con demasiada frecuencia, no va a beneficiar, de ninguna forma, a los menores. Lo cierto es que permanecer durante mucho tiempo en un mal ambiente familiar es mucho peor que vivir un proceso de divorcio bien llevado, incluso es peor que un divorcio mal llevado ya que éste tiene un tiempo determinado de duración y, por lo tanto, tarde o temprano, terminará. Entonces, no vale la pena obstinarse y hacer perdurar la supervivencia de una familia en la que sus miembros son infelices, ya que perpetuar esta situación va a causar más dolor.

La teoría de la seguridad emocional sostiene que: *la exposición reiterada del niño ante el conflicto matrimonial que mantienen sus padres puede propiciar en éste la manifestación de respuestas emocionales más intensas y negativas.* Así, la seguridad emocional del niño va a verse comprometida tanto por la presencia de conflicto entre sus padres como por algunos rasgos de su personalidad. Por lo tanto, algunas variables como pueden ser: su sensibilidad, la estabilidad en sus relaciones o sus expresiones afectivas pueden verse afectadas y condicionadas, en gran medida, por la experiencia de desacuerdos y reproches continuados entre sus progenitores. Por lo tanto, la calidad en la relación de pareja va a ser un factor protector para el bienestar emocional del niño, y contrariamente, el conflicto, la indiferencia y la hostilidad en la relación matrimonial serán factores estresantes que van a desestabilizar al niño.

Porque 1+1 no siempre son 2
Guía de soporte para familias reconstituidas

Por otra parte, el niño, ante las desavenencias de sus padres, va a intentar mediar y moldear las conductas hostiles que ellos puedan mostrar, es decir, que intentará regular y reconducir sus respuestas ante una situación determinada con la finalidad de evitar un nuevo conflicto. Estos intentos del niño por mediar en el conflicto, pueden verse reflejados en hechos como la emisión de conductas disruptivas con la finalidad que sus padres aparquen el tema de conflicto y centren su atención en la conducta "problema" que él/ella está ejecutando. Este intento por parte del niño de distender el ambiente puede salir muy caro a todos ellos debido a que la conducta que emita el niño va a ser reforzada debido al hecho que, ejecutándola, éste consigue el objetivo que se había propuesto y, que no era más, que el de evitar el conflicto y este refuerzo (premio), va a facilitar que la conducta "problema" se repita y se instaure en su repertorio conductual a medio o largo plazo.

Otro intento de mediación por parte del niño es mostrando un comportamiento impecable e intentando madurar antes de lo que debería con el objetivo de generar cambios positivos en las dinámicas intrafamiliares. Otros niños ofrecen apoyo emocional a sus padres también con la pretensión de amortiguar el conflicto. El patrón de comportamiento que adopte uno u otro niño va a depender de su edad, las dinámicas familiares, el género del niño y la probabilidad que tenga la emisión de una u otra conducta de evitar o reducir el conflicto. Asimismo, esta forma conflictiva y tan poco adaptativa en la que los padres se relacionan va a ser el modelo de familia que va a servir de modelo al niño y, consecuentemente, la representación interna que el niño va a crear sobre la estructura y el funcionamiento familiar se va a fundamentar en este patrón relacional. El niño va a tener como modelo representativo de cómo debe ser una relación, la interacción (disfuncional) que mantienen sus padres. De esta forma, el patrón de interacción relacional que mantienen sus padres va a ser el modelo de relación de pareja que al pequeño le va a servir de referencia.

Además de comprometer el sentimiento de seguridad emocional en el niño, el conflicto en la pareja, va a propiciar que la cotidianidad familiar resulte desagradable y agotadora, y que los padres mantengan sentimientos de desidia y de desinterés que van a afectar también a la relación que mantienen con sus hijos. Toda esta dinámica negativa va a desgastar y menguar notablemente la calidad de las relaciones paterno-filiales. El mal ambiente familiar va a deteriorar todas las interacciones que se den dentro del núcleo familiar, es decir, que el conflicto matrimonial no solo va a afectar a la relación establecida entre ambos miembros de la pareja sino que también afectará a la relación con sus hijos porqué, a través de la observación, estos experimentan sentimientos negativos originados por la presencia de conflicto y porque los padres son incapaces de dejar al margen el problema que les ocupa, y este clima contamina su relación con los pequeños de la familia. Por lo tanto, a todo lo anterior, debemos sumar el hecho que el rol de padres va a verse afectado negativamente debido a que este ambiente familiar hostil genera desmotivación y desinterés de los padres hacia la familia y fomenta dinámicas negativas entre todos los miembros que la componen alterando y mermando los vínculos afectivos, no solo de pareja, sino también los vínculos paterno/materno-filiales y este hecho va a tener, sin duda, efectos devastadores para los menores.

En resumen pues, podemos decir que la dinámica de interacciones positivas o negativas que predomine en la relación de pareja va a repercutir, a su vez, sobre el resto de interrelaciones familiares. Es decir, si la vida en familia no resulta gratificante, estos padres no van a poder ofrecer a sus hijos el apoyo y el afecto que necesiten dado que, para comenzar, ellos mismos no se van a sentir bien para poder ofrecer lo mejor de sí mismos a sus hijos. Si uno de los miembros de la pareja está enojado o triste, entonces este sentimiento va a ser percibido por el niño. Además, el estado emocional del adulto, va a condicionar la forma en la que interactúe con su hijo y con el resto del entorno. El desgaste a nivel emocional de los padres va a menguar su capacidad para detectar y responder de forma adecuada a las necesidades emocionales y afectivas que puedan tener sus hijos. Cuando esto sucede, el niño puede interpretar esta respuesta como un rechazo o una absoluta falta de interés de sus padres hacia él y esto, sin duda, va a menguar su nivel de autoestima y va a afectar a su adaptación y a su desarrollo evolutivo. En resumen, podemos decir que el conflicto matrimonial altera también el resto de interacciones familiares, es decir, que el conflicto matrimonial tendrá una gran repercusión en las relaciones entre padres e hijos así como en las relaciones relaciones entre hermanos. Asimismo, el malestar familiar puede generar conductas disruptivas en los niños y, en los adultos, este malestar puede inducirlos a eludir algunas de sus responsabilidades parentales, así como a mermar el interés y la implicación en aspectos tan importantes como la crianza y la educación de sus hijos.

El desacuerdo entre los miembros de la pareja también puede afectar a la crianza y a la educación de los niños debido a que puede darse inconsistencia en lo que se refiere a la aplicación de la disciplina y el establecimiento de las normas. Esta inconsistencia puede manifestarse de dos formas distintas:

1. Una forma en la que esta inconsistencia puede manifestarse es que, debido a desacuerdos y/o falta de comunicación entre los cónyuges, uno y otro progenitor apliquen normas y condiciones diferentes, y

2. La segunda forma en la que podría ponerse de manifiesto esta inconsistencia es que, en algunos casos, el mismo progenitor puede regirse por principios diferentes y, por lo tanto, puede aplicar una disciplina más o menos estricta en función de si está presente o no el otro miembro o bien, en función de su estado de ánimo o bien, dependiendo de otros factores que sean variables y que por tanto, darán inconsistencia al estilo educativo y de crianza. Desde luego, estas contradicciones, no van a hacer ningún favor al niño. Las prácticas de crianza inconsistentes van a generar en el pequeño confusión a corto plazo y mala adaptabilidad a largo plazo.

Ante la situación prolongada de conflicto entre los padres, el niño siente que las dos personas a las que más quiere se lastiman la una a la otra y este hecho le va a causar un gran dolor, miedo, ansiedad, tristeza y confusión. En consonancia con la teoría de la seguridad emocional, la inseguridad del niño va a quedar patente en la expresión de un alto nivel de reactividad emocional caracterizada por niveles altos de miedo, estrés, hipervigilancia y hostilidad. Por lo tanto, soportar una situación de mala convivencia familiar de forma prolongada va a generar en los niños la aparición de conductas disruptivas, ansiedad, malestar a nivel emocional, e incluso puede propiciar la aparición de enfermedades físicas.

El conflicto en la relación de pareja puede manifestarse en los hijos con un mayor índice de fracaso escolar entre los adolescentes, así como también con un mayor índice de violencia intrafamiliar, y de violencia infantil y juvenil. Los conflictos continuados son altamente estresantes para los hijos y merman la calidad de las relaciones paterno-filiales, creando así, dinámicas familiares poco adaptativas. Además, como ya hemos mencionado, el tipo de relaciones familiares establecidas van a servir de modelo de relación a los hijos, facilitando así que adopten patrones relacionales poco adaptativos e insatisfactorios. Los conflictos de pareja, pueden propiciar también, que los hijos de estas parejas presenten dificultades para establecer relaciones íntimas o para consolidar un buen nivel de autoestima.

Por lo que se refiere a las repercusiones que el conflicto de pareja va a tener sobre las relaciones entre hermanos, diversos estudios han demostrado que las relaciones entre hermanos que pertenecen a familias en las que el matrimonio mantiene dinámicas negativas, por lo general, acaban siendo más conflictivas que las relaciones que se establecen entre hermanos que pertenecen a familias más armoniosas y que valoran como satisfactoria la convivencia familiar. Se ha podido observar que el conflicto matrimonial mantiene una relación directa respecto al nivel de hostilidad presente entre los hermanos y una relación inversa respecto al nivel de afecto positivo que se da en esta relación. Por lo tanto, a mayor nivel de conflictividad dentro de la relación de pareja, mayor será el nivel de hostilidad entre hermanos y menores serán las interacciones positivas y satisfactorias entre ellos.

Por otra parte, si nos centramos en el ámbito de la salud, sabemos que la relación de pareja es un elemento que promueve la salud y que tanto los conflictos continuados, como la ruptura de la relación, aumentaran notablemente el riego de padecer diversas patologías y por tanto, aumentaran el riesgo de padecer enfermedades, tanto físicas como mentales, en ambos miembros de la pareja y en sus hijos.

En resumen pues, podemos concluir que considerando todo lo expuesto, no sería recomendable seguir con una relación de pareja conflictiva bajo el pretexto de no dañar a los niños, ya que para ellos, es muy doloroso y destructivo seguir viviendo en una situación familiar tan inestable y hostil.

2.3. LA RUPTURA DE PAREJA: CAUSAS, PROCESO, Y DESENLACE

LAS CAUSAS : En el funcionamiento de la pareja contribuyen múltiples factores como: el estilo de vida de la pareja, el conjunto de valores de cada uno de sus miembros, así como también, su estilo de pensamiento, los estilos comunicativos propios y sus habilidades para una efectiva resolución de problemas. Teniendo todos estos factores en cuenta, algunas de las causas que pueden contribuir a la crisis y la ruptura de pareja son:

- ✓ la falta de habilidades comunicativas, es decir, la falta de habilidades para exponer nuestros sentimientos, nuestros deseos o aquello que consideramos que es un problema que debería abordarse

- ✓ la falta de empatía hacia el otro miembro, esto es, no sabernos poner en su lugar. No saber realizar ni siquiera el intento de saber cómo se puede estar sintiendo nuestra pareja

- ✓ las muestras reiteradas de egoísmo por parte de un miembro de la pareja, es decir, el hecho de priorizar

Porque 1+1 no siempre son 2
Guía de soporte para familias reconstituidas

cualquier interés personal a la relación de pareja o al hecho de ofrecer apoyo al otro miembro
- ✓ la instauración de la monotonía, la rutina y el tedio, estos tres ingredientes van a dinamitar la relación de pareja
- ✓ la sobrecarga de responsabilidades familiares, laborales, financieras..etc
- ✓ la percepción de inequidad en el reparto de tareas y/o responsabilidades
- ✓ problemas a nivel económico. Si los recursos económicos son insuficientes, esto puede generar malestar entre los miembros de la pareja, sobre todo si difieren en cómo deberían administrarse estos recursos. El desacuerdo en este aspecto puede generar un malestar importante dentro de la relación.
- ✓ relaciones sexuales insatisfactorias, poco imaginativas o poco frecuentes
- ✓ la falta de estímulos, gestos y acontecimientos positivos. Si no se fomenta el afecto positivo en la relación de pareja, esta se desgastará inevitablemente
- ✓ la falta de imaginación e iniciativa a la hora de realizar actividades gratificantes con la pareja. Es de suma importancia compartir actividades de ocio en pareja
- ✓ la falta de implicación en el funcionamiento familiar, Cuando uno de los dos miembros percibe que no hay equidad en el grado de implicación y empeño en todo aquello que se refiere a la familia
- ✓ la intromisión de las familias extensas en la dinámica de pareja y/o familiar

Porque 1+1 no siempre son 2
Guía de soporte para familias reconstituidas

- ✓ la incompatibilidad respecto a cuestiones esenciales que afectan al funcionamiento familiar, como puede ser la organización de las responsabilidades familiares y domesticas, o la distribución de los ingresos económicos
- ✓ la presencia continuada de celos
- ✓ la aparición de una tercera persona….etc

Todos estos aspectos a los que podemos denominar **causas, factores desencadenantes o actitudes negativas** que no van a propiciar, en ningún caso, el mantenimiento de un buen clima en la relación de pareja, pueden generar un bucle de emociones negativas, sentimientos de desencanto y decepción en uno o en ambos miembros de la pareja, y estos sentimientos, a su vez, van a retroalimentar actitudes negativas, y estas actitudes, van a incrementar la aparición de comportamientos/conductas no deseadas por parte del otro miembro, es decir, que todos estos factores van a contribuir a que los comportamientos no deseados aparezcan con mayor frecuencia dando feedback al bucle de dinámicas relacionales negativas.

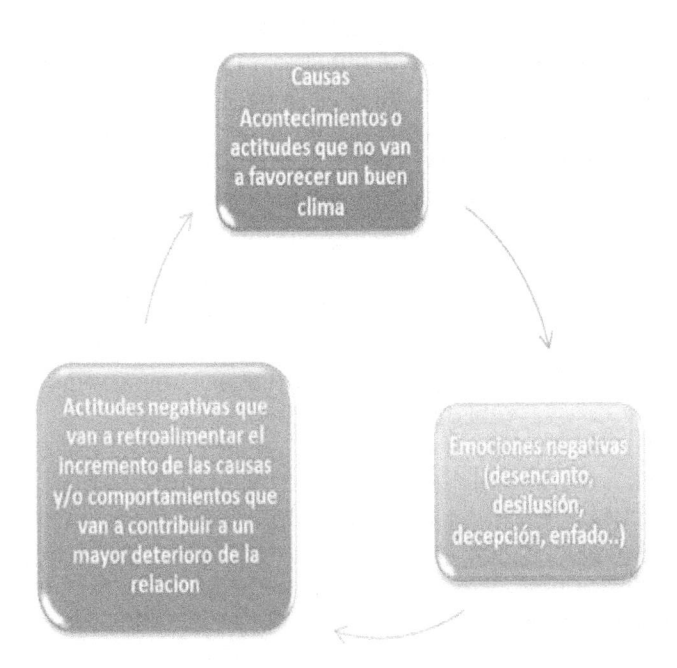

Causas
Acontecimientos o actitudes que no van a favorecer un buen clima

Emociones negativas (desencanto, desilusión, decepción, enfado..)

Actitudes negativas que van a retroalimentar el incremento de las causas y/o comportamientos que van a contribuir a un mayor deterioro de la relacion

Esta dinámica contribuye a agudizar las emociones negativas y acrecienta y pone de manifiesto el conflicto en la pareja. Si ambos miembros de la pareja no reaccionan y encuentran solución a sus problemas, entonces, el conflicto va a perdurar a lo largo del tiempo y/o la relación se acabará rompiendo.

PROCESO Y DESENLACE: Ante la duda de separarse o no, ambos miembros de la pareja deberán valorar cual de las alternativas es la mejor opción. Deberán sopesar los pros y los contras que va a conllevar la decisión de separarse en caso que esta sea la opción elegida. Algunas de los factores que deberían valorar son las consecuencias que esta decisión puede acarrear a nivel emocional y psicológico tanto en ellos mismos como en sus hijos. Asimismo, también deberán estudiar cual va a ser la situación en la que se van a encontrar a nivel socio-económico y si esta resulta muy desfavorable, deberán entonces planificar como la van a manejar. Es importante que los adultos reflexionen sobre estos aspectos y que intenten minimizar las repercusiones negativas que va a conllevar la ruptura.

Planificar como se va a llevar a cabo todo el proceso de separación, nos va a permitir tener que soportar menos situaciones imprevistas, elaborar unas expectativas más acordes con la realidad y una mejor adaptación a todo el proceso de cambio. Aunque los adultos están en todo su derecho de romper su relación de pareja, deberán ser empáticos respecto a los sentimientos de sus hijos, priorizar su bienestar psicológico, protegerlos y mantenerlos al margen de posibles disputas, y velar por su estabilidad a nivel emocional, por lo tanto, en sus manos tienen el poder (y la responsabilidad) de amortiguar el golpe en la medida que les sea posible.

A lo largo del proceso de separación, los adultos deberán intentar abandonar actitudes de resentimiento. Debemos tener presente que la decisión de separarnos nos ofrece la oportunidad de aprender a relacionarnos de otra forma con quien fue nuestra pareja, nos enseña a afrontar nuevas situaciones y resolver problemas y, por último, nos brinda una oportunidad para ser más felices de lo que lo éramos hasta ahora. No cabe duda que en la mayoría de los casos en los que se opta por la separación, la relación de pareja no resultaba satisfactoria ni proporcionaba plena felicidad a ninguno de sus miembros. Si adoptamos actitudes tóxicas, lo único que vamos a conseguir no es solo dañar al otro miembro de la pareja sino que también nos vamos a dañar a nosotros mismos, y sobre todo, vamos a lastimar a nuestros hijos. En estos casos, los adultos deberían intentar enfocar el proceso de la separación más como una reestructuración de la familia que como una ruptura familiar y así transmitir a los niños que sus padres seguirán estando a su lado y que únicamente va a cambiar el hecho que van a tener dos hogares y que incluso esta situación puede resultarles ventajosa en algunos aspectos. Los adultos deben velar por conseguir establecer entre ellos una buena relación de cooperación que tenga como principal objetivo el bienestar y la estabilidad de sus hijos.

Si ambos miembros de la pareja están de acuerdo en que la mejor alternativa es la ruptura pero dudan sobre cómo deben gestionar todo el proceso, es decir, si dudan sobre cuestiones como: cuál es la mejor fórmula para contarlo a los niños y a la familia; si para los niños es mejor convivir con ambos progenitores el mismo tiempo por igual; cual es la mejor forma de organizar este tiempo de convivencia en cada uno de los hogares..etc, en tal caso, puede resultar útil buscar la ayuda de un profesional (terapeuta de familia, psicólogo..) que les oriente en cómo gestionar todas estas cuestiones para minimizar así las repercusiones negativas que el proceso puede tener en la familia. En muchas ocasiones, realizando una sola consulta con un profesional, los padres se abastecen de recursos que pueden resultar tremendamente útiles y que pueden ayudar muchísimo a sus hijos a conseguir que el periodo de adaptación sea más fácil.

2.4. LA MEDIACIÓN FAMILIAR

Una vez iniciado el proceso de separación, entonces, los conflictos, lejos de apaciguarse, tienden a incrementarse ya que a lo largo de este periodo, predominan en ambos miembros de la pareja sentimientos de odio, rencor, tristeza, actitudes de victimismo y atribución de culpabilidad. En este proceso además, los miembros suelen implicar a las dos familias extensas de ambos, y el posicionamiento de una y otra familia con respecto al proceso de separación, difícilmente va a ayudar a calmar los ánimos. A lo largo de este proceso de separación, los niños van a presenciar afrontamientos y acusaciones entre las dos personas que más quieren y, probablemente, van a verse obligados a posicionarse mientras sus padres intentan desvincularse de una forma desastrosa y muy poco elegante. No me cansaré de repetir que la adaptación del niño va a relacionarse con la forma en la que se lleve a cabo todo este proceso. Es lamentable ver cómo, en ocasiones, las parejas se disputan la custodia de sus hijos y en esta disputa intentan demostrar que su ex cónyuge es incapaz de cuidar a sus hijos de una forma responsable.

Ante la determinación de separarse, ambos padres deben comunicar a sus hijos la decisión tomada antes que a nadie más. Deberán, a su vez, recoger todas las dudas que los niños planteen y ofrecerles explicaciones que les ayuden a clarificarlas; garantizarles que papá y mamá seguirán coordinándose, implicándose y preocupándose por todo aquello que les afecte; no pretender jamás y dejarles muy claro que no se espera de ellos que tomen partido a favor o en contra de uno de sus progenitores; y finalmente, explicarles los cambios que este proceso va a conllevarles.

Cada vez es más habitual y recomendable buscar la intervención de profesionales mediadores en los procesos de divorcio. Los mediadores van a ayudar a los miembros de la pareja a negociar para llegar a un consenso, con la finalidad de poder redactar un convenio de divorcio justo y satisfactorio para ambas partes y que garantice el bienestar de sus hijos. El proceso de mediación ayudará a resolver los desacuerdos derivados del proceso de ruptura.

Desde la mediación se concibe el proceso de divorcio como un proceso de cambio en el que se requiere de una reorganización familiar. En la mediación, ambos progenitores, se reúnen con un profesional imparcial que les va a ayudar a negociar y a buscar puntos de encuentro. La mediación es una medida con la que se persigue reducir las consecuencias que se derivan del proceso de separación y que repercuten en todos los miembros de la familia, a través de este proceso se pretende favorecer la comunicación y facilitar acuerdos. Los abogados defensores de cada miembro tienen el deber moral de mediar entre ambos miembros de la pareja para tratar de evitar así la vía contenciosa. A final, la relación que los padres mantengan después del divorcio, va a ser una cuestión clave por lo que se refiere al bienestar y a la adaptación de todos.

Trinidad Bernal Samper en su libro *"La mediación: una solución a los conflictos de ruptura de pareja"* nos ofrece la siguiente definición sobre el papel que tiene la mediación en la ruptura de pareja: **"la mediación nos ofrece un contexto neutral y pacífico que disminuye la intensidad emocional con la que las partes acuden, propiciando un ambiente adecuado para que pueda darse la comunicación. Modifica el rol desempeñado de los actores intervinientes en esta situación social; el abogado y el psicólogo ya no defienden ni evalúan, actúan de mediadores, ayudando a las partes a comunicarse y a modificar las percepciones encontradas con el fin de conseguir acuerdos consensuados que les permitan separarse amistosamente. La pareja (….) toma**

parte activa en todo el proceso, controlando sus emociones y eligiendo sus acuerdos"

El mediador cuenta con una titulación universitaria de cualquiera de estas disciplinas: **derecho, pedagogía, psicología, trabajo social o educación social, entre otras disciplinas afines** y una vez graduado debe formarse de forma específica en el campo de la mediación. Esta formación complementaria le va a proporcionar los conocimientos necesarios para poder llevar a cabo la intervención en este ámbito.

El mediador debe facilitar en primer lugar, que ambas partes puedan exponer la percepción que tienen de la situación; cuáles han sido sus sentimientos a lo largo de este proceso; qué emociones sienten en estos momentos..etc. Una vez expuesto todo ello por parte de ambos miembros, el mediador reordenará toda esta información con la finalidad de ayudar a ambos miembros de la pareja a construir y consensuar los acuerdos que se van a tomar posteriormente.

La mediación es un proceso estructurado que tiene como objetivo consensuar los diversos puntos que van a figurar en el convenio de divorcio y tal proceso se realizará con la ayuda de un profesional experto que no toma parte en el conflicto. El proceso de la mediación familiar es un procedimiento que reúne las siguientes características:

- ambas partes lo escogen de forma voluntaria y por lo tanto, pueden decidir abandonar en cualquier momento

- se acuerda un periodo de tiempo a lo largo del cual se van a llevar a cabo las negociaciones
- el mediador debe mantenerse siempre imparcial aunque, en algún momento y de forma muy puntual, pueda apoyar la postura de uno de los miembros de la pareja con la finalidad de igualar la posición de ambos y persiguiendo la justicia entre la situación de uno y otro.
- Los acuerdos deberán formularse partiendo de la equidad y el respeto y van a ser las partes implicadas quienes propongan dichos acuerdos.
- con la mediación, ambas partes renuncian a emprender acciones legales por la vía contenciosa
- si la mediación llega a buen puerto, ambos miembros van a poder relacionarse de una forma más positiva y adaptativa y esto será, sin duda alguna, muy beneficioso para toda la familia
- Los acuerdos que ambos miembros hayan tomado, deberán reflejarse en el denominado "contrato de mediación"

El proceso de mediación puede proporcionar los siguientes beneficios:

➢ Al exponerse, definirse y desglosar el conflicto, entonces resulta más probable que los acuerdos se acaben cumpliendo ya que se construyen sobre la base de la realidad familiar.

➢ La planificación sobre cómo llevar a cabo el proceso de la separación va a minimizar el grado de incerteza sobre cómo va a ser la situación final a la que la familia deberá hacer frente, y por lo tanto, se reduce también el nivel de ansiedad que todos sus miembros van a tener que soportar

➢ El mediador velará por evitar un abuso de poder entre las partes e intentará separar las ideas en las que se van a fundamentar los pactos de las emociones que cada uno de los miembros de la pareja puedan experimentar.

➢ Debido a que son ambos miembros quienes negocian los acuerdos, el cumplimiento de éstos contará con mayores garantías ya que ambos así los consensuaron, y por lo tanto, se comprometieron con firmeza respecto a su cumplimiento

➢ La mediación ayuda a elaborar el proceso de duelo que se desencadena naturalmente a partir de la ruptura. Además de ayudar en la ruptura legal, el mediador ayuda también a los ex cónyuges en la ruptura a nivel emocional acelerando y facilitando así la elaboración de dicho proceso

2.5. LA CUSTODIA Y EL RÉGIMEN DE VISITAS

La custodia es el derecho y el deber de proteger a nuestros hijos, tener cuidado de ellos, satisfacer sus necesidades afectivas y dispensarles las atenciones y los cuidados cotidianos que necesitan. El padre que ostenta la custodia de sus hijos va a disfrutar durante más tiempo de su compañía que el padre no custodio, y a su vez, será el que deberá encargarse de tomar todas aquellas decisiones relativas a cualquier cuestión de la vida cotidiana de estos.

A lo largo del proceso de separación de la pareja y la ruptura familiar, uno de los puntos más difíciles de acordar es el establecimiento del calendario que determinará cuando los hijos van a estar con cada uno de los progenitores. El acuerdo de este calendario, cuando no hay consenso, es una fuente de malestar y genera ansiedad en todos los miembros implicados, es decir, tanto en los padres como en los hijos.

Por desgracia todavía son pocas las parejas que son capaces de negociar y consensuar de forma amigable cuales van a ser los acuerdos a los que se comprometen para formalizar y facilitar la separación. Cuando el divorcio genera conflicto entre los padres, sin duda, dicho conflicto repercute en los hijos y en muchos casos, el enfrentamiento perdura incluso mucho tiempo después de formalizarse la separación.

La **guarda y custodia** puede ser **compartida** (cuando ambos progenitores la ostentan) o **individual** (cuando solo uno de los progenitores la ostenta).

Cuando la custodia es individual, el padre que la ostenta se denomina "progenitor continuo" y el otro, se denomina "progenitor discontinuo". Cuando es individual, el miembro que la disfruta es quien convive habitualmente con los hijos de la pareja y quien, en general, toma las decisiones que afectan a la vida cotidiana de los niños y que se ocupa de cubrir las necesidades de los menores.

La custodia compartida es aquella en la que ambos progenitores se ocupan y se responsabilizan en igual medida de la crianza y la educación de sus hijos. En esta modalidad,

Porque 1+1 no siempre son 2
Guía de soporte para familias reconstituidas

ambos ejercen la guarda y custodia con el mismo grado de responsabilidad y dedicación, y disfrutan también de los mismos derechos y privilegios.

La Ley 15/2005 regula la **guarda y custodia compartida**. La decisión de otorgar la custodia compartida o individual vendrá determinada, ante todo por el bienestar, el correcto desarrollo personal y la estabilidad emocional que va a reportar al niño. En tal decisión se va a valorar la oposición o disposición de ambos padres, así como las condiciones de vida de cada uno de ellos y el nivel de implicación que cada uno ha tenido en la educación y la crianza de los niños, según cual sea la edad del menor o los menores se escuchará también cuál es su postura al respeto.

En caso que la custodia sea individual, el cónyuge que la ostenta disfrutará de la compañía de sus hijos prácticamente a diario y deberá administrar correctamente sus bienes y la pensión alimenticia percibida por la otra parte, así como satisfacer las necesidades de los menores. También deberá fomentar y facilitar que se cumpla el régimen de visitas así como mantener informado al otro progenitor sobre las cuestiones importantes que afectan a los pequeños.

Hasta hace pocos años, la custodia compartida era una excepción, y generalmente, esta se concedía a la madre. La custodia compartida es beneficiosa para ambos miembros de la pareja ya que permite preservar el vínculo paterno/filial y el vínculo materno/filial en la misma medida y permite también que ambos progenitores disfruten de mucho tiempo libre, hecho que facilitará la formación de una nueva relación de pareja, el disfrute de su propio tiempo, la proyección profesional de ambos, el descanso y el autocuidado. Además permite o debería fomentar un mayor consenso entre ambos por lo que respecta a todos aquellos aspectos que afectan a sus hijos. Todos estos beneficios van a contribuir al bienestar de ambos progenitores debido a que ninguno de ellos siente que todas las responsabilidades recaen sobre él y de forma indirecta, este mayor grado de bienestar parental va a conllevar consigo una mejor calidad y ajuste de los vínculos paterno/materno-filiales.

En el régimen de custodia compartida, los periodos de estancia con uno y otro padre deben ser cortos y el cambio de hogar debe darse con frecuencia, de manera que, el niño nunca pase muchos días sin ver a unos de sus progenitores, En cada caso, se acordará cual deberá ser el régimen de estancias en uno y otro hogar, todo va a depender de si los padres llegan a un acuerdo que se ajuste a las posibilidades y necesidades de ambos miembros y que por supuesto, se ajuste y pueda cubrir todas las necesidades de los niños. Hay infinitas formulas según las posibilidades y necesidades de la pareja (semanas alternas, medias semanas, periodos bisemanales en casa de uno y otro..) en caso en que los niños sean muy pequeños entonces se intentará que los periodos de permanencia entre uno y otro hogar sean todavía más cortos.

Al final, tanto si la custodia es compartida como si no lo es, la cuestión es que los niños deberán seguir disfrutando de la compañía de ambos padres con cierta periodicidad, asimismo, ambos padres deben poder disfrutar también del derecho de criar a sus hijos y deberán cumplir con sus obligaciones como padres.

Jamás, bajo ningún pretexto, una vez asignada la custodia compartida, ninguno de los progenitores deberá renunciar la custodia por motivos personales como podría ser el hecho de promocionarse en su carrera profesional o la creación de una nueva familia. Indudablemente, esta petición causaría sentimientos de abandono en el niño, gran dolor y daños irreparables en la relación paterno/filial.

En el caso que la custodia no sea compartida, los ex cónyuges podrán solicitar una revisión del convenio de divorcio si detectan alguna irregularidad que afecte negativamente a su hijo. La petición de esta modificación podría darse bajo supuestos como: el incumplimiento de las obligaciones que debe cumplir uno de los progenitores, o bien por qué las necesidades de los niños han cambiado o se dan circunstancias diferentes en uno o ambos hogares.

La custodia compartida seria revisable y no estaría indicada en casos como:

- Cuando uno de los dos progenitores sufre una enfermedad mental.
- Cuando uno de los progenitores tiene una historia de adicciones o problemas actuales al respecto.
- Cuando hay una distancia geográfica importante entre ambos hogares.
- Cuando se dan diferencias insalvables en cuanto a los criterios educativos entre uno y otro progenitor, ya que esta diferencia podría crear inestabilidad emocional en el niño.
- Cuando todavía persiste el conflicto entre los progenitores.
- Cuando la comunicación entre ellos es agresiva o inexistente.
- Cuando uno de ellos no reúne las condiciones favorables suficientes para llevar a cabo la crianza de sus hijos, por ejemplo, cuando no dispone de un horario laboral que le

permita estar el tiempo suficiente con el niño o cuando no cuenta con el apoyo y la ayuda de la familia extensa..etc.

A raíz de la separación, generalmente, ambos miembros se ven afectados por un declive importante por lo que respecta a su nivel económico. No es lo mismo pagar un alquiler o un crédito hipotecario entre dos personas que pagarlo uno solo, lo mismo sucede en relación a los suministros del hogar. Además, en muchas ocasiones, los padres deben afrontar otros gastos que no tenían previamente como puede ser la contratación de canguros que cuiden de sus hijos debido a la incompatibilidad de sus horarios laborales con respecto al calendario escolar. En muchos divorcios sucede también que la pareja había contraído deudas que podían pagar hasta el momento cómodamente como, por ejemplo, un crédito para comprar un nuevo vehículo, unas vacaciones o una segunda residencia, y en el momento de la separación, estas deudas pueden convertirse en un gran problema. A menudo, ninguno de los dos puede hacer frente él solo al pago de la hipoteca que tienen y resulta urgente, en muchas ocasiones, vender por un bajo precio el inmueble que compraron juntos.

Se estima que las familias que se divorcian, sufren un descenso en sus ingresos de entre un 30 y un 50%. En caso que el progenitor custodio sea el padre, se estima que sus ingresos bajan en torno a un 10% respecto a los que tenía antes de separarse, y en caso, que quien ostente la custodia sea la madre, entonces, se estima que sus ingresos descienden entre un 25 y un 45% respecto a su situación anterior. Este hecho va a afectar, sin duda, a los hijos ya que van a tener que pasar por cambios como pueden ser: un cambio de domicilio o el incremento notable de horas de trabajo que sus progenitores se verán obligados a realizar, hecho que les va a restar tiempo con ellos. Por todo ello, es de suma importancia que ambos progenitores tomen consciencia de que toda esta situación va a alterar toda la cotidianeidad de sus hijos y deberán estar muy pendientes de ellos y fomentar una relación basada en la confianza y el afecto ya que estos dos ingredientes son elementos imprescindibles para una adaptación óptima del niño a la nueva situación.

Por otra parte, la madre o el padre custodio, con toda probabilidad van a experimentar sobrecarga de trabajo y una tendencia al aislamiento social debido a esta sobrecarga que les limita en tiempo libre y horas de descanso. A menudo se sienten sobrepasados por el nivel de demandas que deben satisfacer. En muchos casos, todas aquellas tareas que realizaban ambos miembros, deben ser ahora ser satisfechas en su totalidad por un solo miembro. Por lo tanto, de un día para otro, el padre/madre custodio se ve inmerso en una espiral de obligaciones y cargas financieras que con anterioridad podía compartir con su ex cónyuge. Esta situación va a generar la sensación de descontrol e impotencia en el adulto que va a afectar a la calidad de la relación que mantenga con sus hijos y probablemente, durante un periodo de tiempo más o menos largo, este no va a ser capaz de percibir, atender y satisfacer las necesidades afectivas de sus hijos ya que él/ella se encuentra inmerso/a en un bucle de emociones negativas como pueden ser sentimientos de indefensión, culpabilidad, rabia, frustración y tristeza. A su vez, estas emociones pueden generar una espiral de pensamientos también negativos que van a proporcionar feedback a las emociones negativas.

En el primer periodo después de la separación y principalmente para el padre o la madre que ostenta la custodia de sus hijos, van a resultar de suma importancia los apoyos que pueda recibir de su entorno, esto es, el apoyo instrumental y emocional de su familia extensa, poseer una red familiar, social y de amistades suficientemente amplia y consistente que le ayude a sobrellevar la nueva situación, va a resultar de suma importancia. Por lo tanto, el apoyo que el padre/madre custodio reciba de su entorno más cercano va a facilitar, en gran medida, la adaptación y aceptación del adulto a su nueva situación personal y familiar, y esta mejor adaptación va a repercutir positivamente al bienestar de sus hijos.

2.6. DATOS DEMOGRÁFICOS

Datos del Instituto Nacional de Estadística (Índices de divorcio 2014)

Según el INE (Instituto Nacional de Estadística), a lo largo del 2014, en España se tramitaron 100.746 divorcios. Este dato revela un incremento de divorcios del 5'6% respecto al año anterior. De todos estos divorcios, el 76'1% se produjeron de forma consensuada entre ambos miembros y el 23'9% de los casos se resolvieron mediante un procedimiento contencioso, es decir, a través de un procedimiento para la resolución del cual debieron mediar e intervenir las instituciones jurídicas.

Por lo que se refiere a la duración de estas relaciones, los datos del INE indican que la duración media del matrimonio, cuando la medida de disolución es el divorcio, es decir, cuando la medida no es ni la nulidad ni la separación, es de 15'4 años de media. El 30% de los divorcios se produjeron después de 20 años de matrimonio y el 23'5% de los cónyuges se divorciaron tras un periodo de entre 6 y 10

años. En la mayoría de los divorcios y separaciones de parejas heterosexuales que se llevaron a cabo en el 2014, la media de edad de ambos cónyuges se situaba entre los 40 y los 49 años. La media de edad de las mujeres que se divorciaron durante aquel año fue de 42'6 años y la de los hombres fue de 45.

Sin duda, algunos de los factores contextuales que han contribuido al incremento del divorcio en nuestra sociedad son:

a) la incorporación masiva de la mujer al mercado laboral, y consecuentemente, su autonomía a nivel económico;

b) el desarrollo de las reivindicaciones feministas con las que se cuestiona el papel de la mujer como esposa y madre únicamente;

c) el reconocimiento de la igualdad de género y la participación activa de la mujer en la sociedad;

d) un proceso de individualización a través del cual cada individuo tomará decisiones centrándose más en sus intereses y en su propio bienestar y no tanto en los intereses de la familia como unidad;

e) el reconocimiento legal y social del divorcio;

f) un nuevo concepto de cómo debe ser la relación de pareja, es decir, que en la actualidad se entiende que debe ser una relación ausente de conflicto, y que además, debe ser satisfactoria;

g) el acceso de la mujer a la educación y a la formación;

h) la aceptación a nivel social de las segundas nupcias, y para terminar,

i) a nivel legislativo, en julio del 2005 se modifica el código civil español y la ley 15/2005 establece que ya no es necesario estar legalmente separados para poderse divorciar. Anteriormente, la pareja debía formalizar el proceso de separación y debía transcurrir un periodo de tiempo mínimo de separación legal para poder, posteriormente, tramitar el divorcio.

Además de estos factores, hay otras variables que se relacionan con un mayor índice de divorcio como pueden ser:

- La edad en la que se formaliza la unión de la pareja. Las parejas que se casan más jóvenes tienen un índice mayor de divorcio que las que se casan con más edad.
- El nivel sociocultural más alto. El índice de divorcio es más elevado en aquellas parejas con un nivel sociocultural más elevado.
- Las parejas que todavía no tienen hijos. En las parejas que todavía no tienen hijos, el índice de divorcio es más elevado.
- Las creencias religiosas. Aquellas parejas en las que sus miembros son creyentes tienen una menor tendencia a separarse que aquellas parejas en las que sus miembros no son creyentes.

Éstos, entre muchos otros, son algunos de los factores que facilitan que se recurra a la opción de la separación y el divorcio cuando aparecen desacuerdos importantes. Por lo tanto, **podemos concluir que el incremento de separaciones y divorcios no es un indicador de que ahora haya un mayor número de fracasos en las relaciones de pareja, sino que**

ahora, este fracaso se evidencia y formaliza porqué el contexto facilita que así sea. Es decir, que la opción de la separación está más bien considerada que años atrás porqué la presión de la iglesia es menor de lo que lo era en las décadas pasadas y porqué legalmente se contempla el divorcio como una opción más de entre todas las posibles. Asimismo, el aumento del divorcio facilitará la formación de un número nada despreciable de familias reconstituidas.

TEMA 3 - UNA NUEVA PAREJA Y UNA NUEVA FAMILIA

3.1. ¿QUÉ PROBLEMAS DEBE AFRONTAR LA NUEVA PAREJA?

El hecho de separarse no es algo fácil de decidir, normalmente se requiere de un periodo largo de tiempo y cargado de mucha confusión, frustración y sentimientos de culpa antes de optar por la ruptura de pareja. En muchos casos, la persona que se siente vacía y a disgusto en la relación, se pregunta también si este sentimiento de insatisfacción es debido a que su relación de pareja realmente no funciona o bien al hecho que ella es demasiado demandante y tiene expectativas muy elevadas sobre cómo debe ser una relación.

La decisión de separarse va a tener sin duda unos costes muy elevados a nivel emocional. Según la **Escala del Estrés Psicosocial** de Holmes y Rahe, la separación o el divorcio son el segundo acontecimiento más estresante y solo se sitúa por debajo de la muerte del cónyuge. Por lo tanto, partimos de la base que en la nueva pareja, por lo menos, uno de sus miembros, sino ambos, han pasado por una experiencia dolorosa, decepcionante y estresante.

Es importante que las personas nos concedamos un espacio temporal para elaborar el proceso de duelo por la ruptura de la relación anterior antes de iniciar una nueva relación de pareja aunque, en ocasiones, la persona que decidió separarse fue elaborando esa etapa de duelo y renuncia desde antes de la separación. Aunque esto haya sido así, será recomendable que no formalicemos una nueva relación hasta que nuestros hijos hayan podido elaborar también su proceso de aceptación de la ruptura familiar y se hayan restablecido los vínculos paterno-filiales.

Aunque, como ya hemos dicho, es recomendable guardar un tiempo de uno o dos años entre una y otra relación, a veces, los acontecimientos se precipitan, conocemos a alguien, nos enamoramos y ¡he aquí, la nueva pareja! y la nueva familia. La ruptura de una relación puede proporcionar un aprendizaje muy positivo para futuras relaciones que podamos tener. Es importante que tengamos presente en que aspectos pudimos fallar nosotros o pudimos descuidar aspectos importantes en la relación anterior para cambiar patrones relacionales que pueden generar problemas. De la ruptura deberíamos haber aprendido que para mantener sana una relación de pareja, no es suficiente con tener buena disposición, buenas intenciones y el deseo de que esta se mantenga, prospere y evolucione, sino que será necesario también invertir cada día en dedicación y atenciones por mantener viva la relación.

Factores, influencias y dinámicas que pueden desestabilizar la relación de pareja de la familia reconstituida.

En primer lugar y antes de formalizar una nueva relación de pareja, el sujeto deberá tener en cuenta ciertas cuestiones y deberá preguntarse porqué desea formalizar una nueva relación, si realmente ama y es amado por su nueva pareja, y si está emocional y afectivamente preparado para consolidar y formalizar esta relación. Deberá tener presentes cuales fueron los errores y los problemas que acontecieron en la relación anterior y velar porque no vuelvan a repetirse. Además, debe considerar que si forma una nueva familia deberá afrontar las complicaciones propias que pueden acontecer en estas familias.

El establecimiento de un vínculo solido entre ambos miembros de la pareja va a ser una condición absolutamente necesaria aunque no suficiente para que la nueva familia pueda establecer relaciones sólidas que les permitan confiar en la nueva unidad familiar. Si en la relación de pareja, desde un principio, es difícil llegar a establecer acuerdos o negociar cualquier cuestión que afecte a la pareja o la familia, entonces, va a resultar una tarea muy ardua la de construir una nueva familia. Además, la pareja de la nueva familia deberá velar especialmente por preservar su relación ya que se expone a la influencia de los mismos factores que son desestabilizadores para cualquier otra pareja pero multiplicados, en ocasiones de forma exponencial.

Según cita **María Helena Feliu** en su libro **"Vivir bien en pareja"**, algunos de los factores que pueden albergar o precipitar el conflicto en la pareja son:

- **La presencia de falsas expectativas sobre cómo debería ser la convivencia.** La pareja deberá tener en cuenta que, seguramente, parte de la decepción/frustración que experimentaron en su relación anterior fue debida al hecho de albergar falsas expectativas de cómo debería ser la convivencia. Debemos despojarnos de la imagen de "la pareja ideal", libre de problemas, malentendidos y siempre armoniosa. La realidad no es esta, y cada pareja deberá lidiar con los distintos problemas que vayan aconteciendo y no va a ser fácil. Además, como venimos repitiendo a lo largo de los distintos capítulos, estas parejas se contextualizan en un entorno más complejo que cualquier pareja donde ninguno de sus miembros traiga consigo a la relación hijos de anteriores relaciones. La nueva familia deberá lidiar con ex cónyuges con los que se deberán consensuar decisiones o con familias extensas que en muchos casos, no aprueban ni la ruptura de la relación anterior, ni la unión de la nueva pareja.

- **Las diferencias de valores morales entre ambos miembros.** En este punto, además de las diferencias individuales entre ambos miembros, se van a evidenciar las diferencias en los valores de referencia de cada familia, los estilos educativos que vienen aplicando, el estilo de vida ....etc
- **La excesiva dependencia de un miembro hacia el otro.** Esta es siempre una dinámica negativa que sobre responsabiliza a uno de los miembros y genera dependencia y puede que sumisión, en el otro miembro.
- **Un nivel de autoestima bajo en un miembro de la pareja.** Cuando esto ocurre, dicho miembro reflejará sus inseguridades en su actitud, este hecho puede provocar escenas de celos o comportamientos poco asertivos ante un problema que pueda surgir en relación a los niños.
- **La carencia de habilidades comunicativas.**
- **Poco tiempo de ocio en común y poco tiempo de ocio para disfrutar sin la pareja.** Tanto una como otra situación son imprescindibles para la supervivencia de la nueva familia, es decir, será sumamente importante que cada miembro de la pareja disponga de tiempo para sus quehaceres sin contar con la compañía de ningún otro miembro de la familia, ni siquiera su pareja. Asimismo, es sumamente importante también que ambos miembros de la pareja encuentren sus espacios para poder disfrutar juntos,

y solos, de momentos especiales como pueden ser: una cena, una escapada de fin de semana, una tarde de cine, un paseo..etc

- **La interferencia negativa o el rechazo de la familia de origen de uno de los miembros de la pareja por lo que respecta a la formación de la nueva pareja y la nueva familia.** La desaprobación de la nueva relación por parte de la familia extensa de uno o ambos miembros de la pareja, acarreará malestar, y con el paso del tiempo, podría causar graves repercusiones en la convivencia. En ocasiones, este rechazo se hace extensivo y evidente también en el trato con los hijos de la nueva pareja, evidenciando un trato claramente injusto y desconsiderado hacia ellos en comparación al trato que dispensan a sus nietos o sobrinos consanguíneos. La pareja deberá lidiar también con estas interferencias y establecer límites en este tipo de intromisiones ya que esta actitud puede herir gravemente la sensibilidad de todos los miembros de la nueva familia.

- **Falta de implicación o equidad en la dinámica de pareja o familiar.** Surgen problemas cuando uno de los miembros percibe falta de implicación por parte del otro miembro en el funcionamiento y la organización familiar. En ocasiones, aunque si se dé la implicación, el problema puede provenir de la percepción de falta de equidad (justicia en el reparto de las tareas, las responsabilidades, la aportación a nivel económico..etc), es decir que muchas veces, ambos miembros se implican en la misma medida, se reparten tareas y responsabilidades en la misma medida pero, es posible que esta distribución sea percibida como injusta por uno de los miembros de la pareja. Por ejemplo, en ocasiones la disputa surge cuando uno de los miembros tiene tres hijos y el otro tiene solo uno y cuando, además, todos ellos pasan el mismo tiempo en el hogar, o bien cuando los dos hijos de uno de los dos miembros viven casi cada día en el hogar y los hijos del otro miembro vienen solo a pasar los fines de semana alternos. Estos serían algunos ejemplos de problemas que se generan a partir de la falta de equidad que uno de los dos miembros percibe como algo injusto.

Además de lo expuesto en el apartado anterior, las parejas que conforman las nuevas familias, deberán afrontar situaciones con las que no deberán afrontarse las familias no reconstituidas. Por lo tanto, debido a la situación compleja en la que se encuentran, algunos de los obstáculos con los que estas parejas deberán lidiar son:

- **La etapa de cortejo viene condicionada por la existencia de los niños.** Las parejas que deciden formar una nueva familia, ven condicionada su época de cortejo por tener más obligaciones y responsabilidades que las parejas en las que ninguno de sus miembros tiene hijos.

- **Interacciones en el proceso de la consolidación del vínculo:** Cuando empiezan a convivir, y mientras la relación todavía se está consolidando, estas parejas deben ya convivir muchos días con los hijos de uno u otro miembro. Esta situación es compleja ya que a lo largo del proceso de consolidación del vínculo entre ambos miembros van a interaccionar un sinfín de variables que van a determinar la firmeza de este vínculo. Por lo tanto, si es posible, lo mejor es consolidar la relación de pareja primero, esto es, manteniendo cada uno su propio hogar y posponiendo el inicio de la convivencia con los hijos de uno y otro. En algunos casos, es difícil mantener esta situación, bien porque en muy pocas ocasiones pueden

Porque 1+1 no siempre son 2
Guía de soporte para familias reconstituidas

coincidir ambos sin los niños, o bien porque les vendría bien compartir un hogar, cuidar entre los dos a los niños, compartir y minimizar gastos..etc. Es decir, que en muchos casos es conveniente para ambos miembros comenzar a convivir para brindarse soporte mutuo. Además, debemos tener presente que en esta etapa generalmente, ambos miembros están plenamente enamorados y tienen el deseo y la necesidad de convivir. Aunque pueda parecer algo frívolo, lo cierto es que en muchos casos, la decisión de ir a vivir juntos e incluso la elección de una nueva pareja pueden venir condicionadas por necesidades como pueden ser: la necesidad de apoyo y compañía, la necesidad de disfrutar de una vida sexual y afectiva plena, o la cobertura de cuestiones más prácticas como pueden ser la crianza de los hijos o el hecho de poder compartir los gastos del hogar. Por lo tanto, es importante hacernos conscientes que estas necesidades pueden abocarnos a tomar decisiones precipitadas que tal vez, no nos lleven a buen puerto ya que la prisa nunca es buena consejera.

- **Confiar ciegamente en el poder de la relación y no considerar ni estudiar la mejor forma de gestionar los distintos problemas que puedan ir surgiendo.** En muchos casos, ante la aparición de cualquier desacuerdo, uno o ambos miembros defienden la creencia de que "el amor lo puede todo" y por supuesto, el amor será un elemento necesario pero no suficiente para superar cualquier obstáculo. Por ello, es muy importante prestar atención a los problemas que vayan surgiendo, exponerlos e intentar resolver las situaciones tan pronto como acontezcan.

- **La intromisión de los ex cónyuges en la nueva relación.** La intromisión por parte de los ex cónyuges puede no aparecer en algunos casos pero, por lo general, este tipo de interacción está presente aunque sea de una forma muy sutil o indirecta.

En algunos casos, este tipo de dinámica no se da de forma malintencionada. Cuando ocurre de forma intencionada y consciente por parte de la expareja, a menudo, es porque esta siente celos de la relación que sus hijos han establecido con su madrastra/padrastro, o bien puede sentirse celoso/a porque la situación socioeconómica de su expareja es mejor que la suya; porqué él/ella no tiene ninguna relación sentimental; porqué otra persona tiene la suerte de contar con quien fue su compañero/a...etc. Así, podrá proyectar esa frustración de forma indirecta a través de los niños o bien de forma más explícita, por ejemplo, dificultando las visitas o los cambios de calendario solicitados por la nueva familia con la finalidad de poder realizar alguna actividad concreta o un encuentro familiar.

- **Un umbral más bajo de tolerancia ante los problemas de pareja.** Los miembros que componen la pareja, al venir de relaciones anteriores que no llegaron a buen puerto, pueden tener un umbral de tolerancia más bajo del que tenían anteriormente y pueden mostrarse más inflexibles ante la aparición de cualquier obstáculo importante, sobre todo si no tienen hijos en común.

- **Desacuerdos en el área económica.** A menudo, pueden aparecer problemas y desacuerdos a nivel económico. Es probable que solo uno de los miembros desee llevar las cuentas por separado y/o que no desee ser co-propietario de ningún bien inmueble. Las diferentes posturas por lo que respecta al área económica, sobre todo si hay desigualdad en el poder adquisitivo y nivel socioeconómico de cada uno de los miembros, puede acabar generando conflictos importantes en la relación de pareja.

Es probable que aparezcan también problemas en este sentido por las compensaciones alimentarias en relación a los ex cónyuges bien porqué éste/a no abona la pensión que le corresponde y esto repercute, sin duda, en la economía familiar, o bien porque un miembro de la pareja está haciendo frente a los gastos de unos hijos que no son los suyos y esto puede ir en detrimento del bienestar de los suyos propios.

- **Dificultades que pueden derivarse de la no aceptación de la nueva relación por parte de los hijos**: La no aceptación de la relación por parte de los hijos de uno u otro miembro será otro problema importante y este oposicionismo por parte de los menores puede propiciar la ruptura. Si no se gestiona bien, la nueva pareja del progenitor puede acabar estableciendo una mala relación con sus hijastros, adoptando una actitud altamente crítica, defensiva, acusadora o de víctima, y este hecho va a facilitar el posicionamiento del padre a favor de los hijos.

Espinar Fellmann, Isabel; Carrasco Galán, M.ª José; Martínez Díaz, M.ª Pilar; y García-Mina Freire, Ana, en su artículo: *Familias reconstituidas: Un estudio sobre las nuevas estructuras familiares* estudian variables como: la tensión de rol y el nivel de ajuste marital. El <u>ajuste marital</u> se refiere al grado de acuerdo y entendimiento que se da entre ambos miembros de la pareja, y la <u>tensión de rol</u> hace referencia a las discrepancias que pueden aparecer respecto a las funciones que desempeñamos y las que desearíamos o las que se supone que deberíamos desempeñar.

Porque 1+1 no siempre son 2
Guía de soporte para familias reconstituidas

En este estudio se confirman las siguientes hipótesis:

1. **Las madrastras, en el ejercicio de su rol dentro de la unidad familiar, experimentan mayores niveles de estrés que los padrastros.** Es decir, que el estudio concluye que las madrastras experimentan mayores niveles de tensión de rol que los padrastros.

2. Si el rol que ejercen ambos miembros de la pareja les proporciona estrés y tensión, **estos niveles elevados de tensión se van a traducir en unos niveles más bajos de ajuste marital.** Es decir, que si uno de los miembros de la pareja no se siente satisfecho con el rol que ejerce, entonces, este nivel de insatisfacción va a repercutir negativamente en las dinámicas que se den dentro de la pareja. Por lo tanto, mayores niveles de tensión de rol mantienen una relación inversa con el ajuste marital.

3. **Tanto los padrastros como las madrastras que ejercen un rol de género femenino,** esto es, un rol centrado en una mayor expresividad emocional y con cuestiones que denotan sensibilidad, cuidado y cercanía, **soportan menores niveles de tensión de rol.** Así este estilo permite el desempeño de roles más satisfactorios y en establecimiento de vínculos afectivos más sólidos que van a resultar, sin duda, positivos para establecer y mantener interacciones familiares positivas.

4. **Las madrastras que conviven habitualmente con sus hijastros/as experimentan mayores niveles de tensión que los padrastros** que conviven habitualmente con ellos.

5. **Las madrastras que conviven habitualmente con sus hijastros/as experimentan más tensión que las madrastras que conviven con ellos de una forma no

habitual. En este punto la diferencia en la tensión de estrés entre unas y otra no es muy significativa.

6. **Los padrastros y madrastras que formen parte de una familia reconstituida compleja**, esto es, aquella familia reconstituida en la que cada uno de los miembros de la pareja tiene ya hijos de sus anteriores relaciones, **van a experimentar niveles mayores en cuanto a la tensión de rol** aunque esta diferencia no es muy significativa en relación a la tensión de rol que soportan los padrastros y madrastras que forman parte de una familia reconstituida simple, esto es, aquella familia reconstituida en la que solo uno de los dos miembros de la pareja tienen hijos de una anterior relación. Por lo que respecta a los niveles de ajuste marital, **las parejas que forman parte de familias reconstituidas complejas presentan uno mejor grado de ajuste marital.**

7. Por lo que se refiere a los años de convivencia en pareja se ha observado que **los padrastros y madrastras de aquellas parejas que llevan entre 1 y 4 años de relación no experimentan mayores niveles de tensión de rol que aquellos que llevan más de 4 años de convivencia.** En cambio, por lo que respecta al grado de ajuste marital si que se observan diferencias en relación al tiempo que lleva la pareja conviviendo y juntos y se concluye que, **presentan un mayor grado de ajuste aquellas parejas que llevan conviviendo más de 4 años que aquellas parejas que llevan conviviendo menos de 4 años**, además esta diferencia es considerablemente significativa.

3.2. RECOMENDACIONES PARA CUIDAR LA NUEVA RELACIÓN DE PAREJA

Las parejas que deciden formar una familia reconstituida, suelen encontrarse con más desacuerdos y tropiezos que las parejas en las que ninguno de los dos miembros tiene hijos de una relación anterior. Estas parejas deben atender especialmente el cuidado de la relación y fortalecerla ya que van a encontrarse con algunas dificultades añadidas.

La nueva pareja no puede disfrutar de la convivencia a solas (sin niños) durante un largo periodo de tiempo como si pueden hacerlo las parejas sin hijos. Para las parejas de las familias reconstituidas, los cambios y la adaptación deben hacerse más rápidamente que en las familias convencionales. Cuando la pareja comienza a convivir con los hijos de uno y otro miembro, las demandas y la atención que deben dispensar a los niños les absorben, por ello, estas parejas deben buscar sus espacios de tiempo a solas para poder compartir un paseo, preparar juntos una cena especial, aprovechar para salir juntos y solos los fines de semana que puedan disfrutar sin los niños…etc.

Casi siempre los adultos que forman la nueva pareja han mantenido otras relaciones que por una u otra razón, acabaron no funcionando y esto propició la ruptura. En esta nueva etapa, ambos deberán estar atentos y no cometer los errores que cometieron en el pasado.

Algunos de los aspectos que deben tener en cuenta estas parejas son:

- ➢ **Reservar un espacio individual.** Como hemos expuesto más arriba cada miembro de la pareja debería disponer de su espacio personal en el que pueda hacer lo que más le convenga pero centrándose en sus deseos y preferencias. El respeto por el espacio personal del otro miembro, es algo fundamental para el sustento de la relación. Ambos miembros deben preservar su independencia, su red social, su autonomía y su intimidad personal.

- ➢ **Reservar espacios de pareja** en los que puedan compartir tiempo a solas para cuidar su relación (algún viaje, cenas, excursiones..etc)

- ➢ **Defenderse y apoyarse el uno al otro ante los "ataques" o intromisiones malintencionadas** de la familia de origen, el ex cónyuge e incluso los propios hijos.

- ➢ **Ofrecer apoyo al otro miembro de la pareja en todo aquello que lo requiera** y favorecer su evolución personal y profesional. Percibir lo que para el otro miembro es importante e interesarse por ello. Es sumamente importante que cada miembro perciba que el otro lo comprende y lo apoya. La relación de pareja debe ser fuente de reciprocidad, apoyo y equilibrio.

- ➢ La nueva pareja deberá tener muy presente que debe **considerar los sentimientos del otro miembro.** Deberán esforzarse por amoldarse el uno a las preferencias del otro, o adaptar y revisar las expectativas que cada uno de ellos mantiene sobre cómo debería funcionar la relación.

Porque 1+1 no siempre son 2
Guía de soporte para familias reconstituidas

También deben proyectar la imagen de que son un equipo, consensuan, acuerdan y se apoyan mutuamente.

➢ **Cuidar las expresiones de afecto, ternura y el contacto físico frecuente. Las muestras de afecto son un elemento de suma importancia en la relación de pareja. Manifestaciones de ternura como besos, abrazos o caricias, son signos indicativos de que la relación goza de buena salud.** Las muestras de afecto nos proporcionan sensación de seguridad, fomentan la intimidad, el entendimiento y la empatía hacia el otro miembro; facilitan una comunicación más fluida y consolidan la base per mantener una relación basada en el compromiso auténtico.

➢ **Velar por mantener encuentros sexuales imaginativos, satisfactorios y con una frecuencia adecuada.** La capacidad de establecer y mantener relaciones sexuales imaginativas y enriquecedoras, será uno de los indicadores clave del grado de satisfacción de ambos miembros respecto a la relación. El mantenimiento de una vida afectivo/sexual plena va a conservar viva la ilusión por permanecer uno al lado del otro. Ambos miembros deben cuidar la relación, estar atentos a las necesidades del otro miembro, cuidar al otro y estar atentos al cuidado de su propio aspecto físico. Es muy importante seguir cuidando siempre nuestra imagen para seguir resultando y sintiéndonos atractivos.

➢ **Mostrar interés por los quehaceres del otro miembro** y mostrar preocupación por los problemas que le puedan surgir. Esto es, mostrar interés por como está, como se siente o como fue su día en el trabajo. Nunca podemos dejar de mostrar interés por el día a día del otro y hacerle sentir que le acompañamos.

➢ **Recordar que características o actitudes de aquella persona hicieron que nos enamoráramos de ella** y procurar mantener siempre sentimientos de admiración hacia él/ella ya que si dejamos de admirar a nuestra pareja, permanecer a su lado, nos va a generar insatisfacción.

➢ **Trabajar por tolerar las imperfecciones y los errores** que el otro miembro pueda cometer e indicarle como preferiríamos que actuara en otro momento.

➢ **Tomar consciencia de nuestros estados de ánimo** e intentar manejarlos y regular emociones como la irritabilidad u otras actitudes negativas que nos sumerjan en dinámicas negativas.

➢ **Luchar contra la monotonía y el tedio.** La presencia de la monotonía va minando ilusiones y esperanzas, y dificulta la realización de los proyectos compartidos. Un error que cometen la mayoría de las parejas, es que acaban creyendo que la instauración de esta rutina y el aburrimiento es algo normal que se da a largo plazo en todas las relaciones de pareja. Desde el momento en el que la pareja asume este hecho como algo normal, están abriendo la puerta al tedio y están permitiendo que éste se apodere de su relación de pareja, por lo tanto, desde esta presunción, están renunciando a la mejora de la situación. Para combatir la rutina y el aburrimiento, es esencial cultivar el sentido del humor, reírse juntos de las situaciones, de nosotros mismos..etc, así como programar conjuntamente actividades gratificantes para ambos miembros.

Maria Helena Feliu recomienda combatir la rutina con los consejos que exponemos a continuación:

- ✓ Descubrir las novedades que aparecen cada día. No todos los días son iguales, debemos estar alerta y saber apreciar las diferencias y los pequeños detalles. Debemos estar atentos a lo que nos cuenta o a lo que le sucede a nuestra pareja y también atender a los detalles que distinguen cada día de otro para compartirlos después con nuestra pareja.

- ✓ Aprender a apreciar los placeres cotidianos, es decir, saber valorar un desayuno junto a la pareja, despertarse a su lado, disfrutar juntos de una película, elaborar y disfrutar juntos de una buena cena, tomar una copa juntos, un beso al llegar a casa o disfrutar de poder dormirse entrelazados.

- ✓ Ejercitar la imaginación. Bajo los pretextos de cansancio y falta de tiempo, se van desvaneciendo en la relación el factor sorpresa, las muestras de afecto, las pequeñas atenciones..etc y a su vez, se van instalando la desidia, la desilusión y la desesperanza. A algunas personas, les cuesta mucho ejercitar la imaginación pero todos podemos dar una sorpresa, traer un regalo un día cualquiera, llevar el desayuno a la cama a nuestra pareja o preparar una cena especial (no es necesario celebrar nada en concreto). Cualquier persona, aunque sea poco imaginativa, puede organizar una cena sorpresa, comprar entradas para un concierto u organizar una escapada de fin de semana.

> **Cuidar la comunicación:**

- ✓ Fomentar el dialogo. Es importante reservar un ratito cada día para dialogar con la pareja.

- ✓ Intentar evitar a toda costa el uso de un lenguaje tanto verbal como no verbal negativo o agresivo aunque se esté tratando un tema que genere desacuerdo entre ambos miembros.

- ✓ Evitar la sobreinterpretación de un gesto por parte de la pareja y no presuponer mala intencionalidad en su conducta. Probablemente, si les preguntamos sobre la cuestión, en su respuesta no vamos a detectar ningún signo de mala intención.

- ✓ Evitar comportamientos negativos como pueden ser: quejas, devaluación de los sentimientos del otro miembro, críticas o actitudes sarcásticas.

- ✓ Intentar potenciar habilidades comunicativas positivas como pueden ser: las muestras de interés, la escucha activa o el uso de la empatía.

- ✓ Reforzar y agradecer todas aquellas actitudes que nos guste de nuestra pareja y aquellos gestos que nos sorprenden agradablemente.

Además de todo lo indicado es necesario que nos fijemos cada día en todo aquello que hace referencia a nuestra pareja y que valoramos o valorábamos de él/ella como persona, padre/madre y compañero/a. Debemos tener siempre muy presentes estos atributos ya que, en ocasiones, se nos van olvidando y tendemos a percibir y destacar más aquello que no nos gusta o nos molesta que aquellos rasgos que en su día, hicieron que nos enamoráramos.

En la mayoría de los estudios realizados, los componentes de las parejas que forman familias reconstituidas muestran un grado de satisfacción respecto a la relación de pareja muy similar respecto al que mostraban en relación a su anterior matrimonio. Por lo tanto, el nivel de satisfacción que tienen los componentes de la pareja de las familias reconstituidas respecto a la satisfacción con el vínculo matrimonial, no varía de una relación a otra, y por lo tanto, es el mismo respecto a las primeras que respecto a las segundas nupcias. Sin embargo, sí que se aprecian algunas diferencias en los niveles de satisfacción respecto a la relación de pareja si comparamos los resultados de mujeres y hombres. En general, ellas manifiestan tener un grado de satisfacción más bajo que ellos respecto a la relación, con independencia, eso sí, que sean las primeras o las segundas nupcias.

Las parejas que deciden formar una familia reconstituida utilizan en su relación un enfoque menos romántico, más práctico y más orientado a la resolución de problemas que las parejas que deciden formar una familia en la que todavía no hay ningún niño. Las parejas de familias reconstituidas generalmente tienden a ser más igualitarios respecto a la toma de decisiones y respecto al reparto de las tareas domésticas.

Los índices de divorcio de los matrimonios de segundas nupcias son significativamente más elevados que los que se observan en las parejas que se unen en primeras nupcias, este hecho parece que se debe a que, cuando los cónyuges de las parejas que se unen en segundas nupcias se percatan que no son felices, entonces dudan menos a la hora de tomar la decisión de separarse. Las parejas unidas en primeras nupcias posponen mucho más la toma de esta decisión, y en muchos casos, prefieren mantener una relación insatisfactoria dentro de la cual no se sienten felices por el miedo que les causa las repercusiones que la ruptura pueda acarrear.

3.3. LA RESOLUCIÓN DE CONFLICTOS EN LA PAREJA DE LA FAMILIA RECONSTITUIDA

La familia deberá afrontar el conflicto cuando este aparezca e intentar abordarlo, a ser posible, con la implicación de todos sus miembros. En este punto todos deberán manifestar su nivel de compromiso en el mantenimiento de la familia como unidad.

Las parejas que tienen problemas, presentan mayor dificultad a la hora de afrontar imprevistos y nunca están dispuestos a reconocer que ambos son responsables de encontrar una solución al problema familiar o de pareja que les ocupa. De esta forma, se ven inmersos en una dinámica en la que reinan las acusaciones, la elusión de responsabilidades, y los reproches, cosa que no hace más que complicar la situación.

Cuando en una pareja hay desacuerdos en cuestiones esenciales deben negociar para poder llegar a un acuerdo. A menudo, muchas parejas, recurren a la discusión sobre el tema concreto que les ocupa y acaban resolviendo el problema pactando un acuerdo con el que, a menudo, solo uno de los miembros está conforme y con el que, el otro miembro se siente como la parte que pierde en esta negociación. Para la resolución de conflictos, la pareja debería poder llegar a acuerdos que resulten gratificantes para ambos miembros, y si lo consideran oportuno, deberán buscar apoyo profesional que les proporcione recursos para facilitar una mejor comunicación e interacción entre ambos.

Una vez ambos miembros sean ya capaces de escucharse, empatizar con el otro miembro y comunicarse con eficacia, entonces, deberán utilizar estrategias para la resolución de problemas. La capacidad de ambos miembros para resumir los puntos clave de la posición de su compañero es decisiva para llevar a cabo la resolución del problema. Mediante las técnicas de entrenamiento en resolución de problemas y negociación, la pareja va a conseguir:

- Potenciar el intercambio positivo y disminuir conductas como el castigo. Esto es, reforzar mediante premios y recompensas aquellas conductas que desean que aparezcan. Por ejemplo, si uno de los miembros desea que su compañero asuma una tarea concreta de forma habitual, entonces, le va a recompensar verbal o afectivamente para incrementar así la probabilidad de que esta conducta se vuelva a repetir, y de esta forma, la conducta se convertirá en un hábito.

- Consolidar la comunicación positiva y mantener siempre el respeto hacia el otro y fomentar en todo momento la empatía.

- Que ambos sientan que obtienen de esta relación ventajas y bienestar personal. Es clave que ambos perciban que hay equidad tanto en la implicación de ambos como en los beneficios y el apoyo que obtienen de la relación.

Algunos de los pasos que la pareja puede seguir para la resolución de problemas, son los siguientes:

- En primer lugar deben definir el problema de forma concreta, es decir, delimitándolo tanto como sea posible.
- Especificar las situaciones en las que acontece el problema.
- Elaborar una lista en la que ambos resuman los puntos clave de la posición que mantiene su pareja respecto a esta cuestión (fomento de la empatía)
- Analizar en qué momentos están más susceptibles y, por lo tanto, es más probable que aparezca una discusión.
- Especificar la consecuencias negativas que acarrea la aparición de la conducta problema (discusiones, distanciamiento, que los niños puedan percatarse de la situación..etc)
- Elaborar un listado con todas las posibles soluciones que se les ocurran.
- Discutir las ventajas y los inconvenientes de cada una de las posibles soluciones y elegir, de forma consensuada, la que les parezca la alternativa más satisfactoria para ambos miembros. En ocasiones, se presentan cuestiones que resultan mucho más significativas para un miembro que para el otro, en estos casos, la pareja debería escoger la opción que resulte más satisfactoria para el miembro al que preocupa esta cuestión.
- Y en último lugar, diseñar como se va a llevar a cabo la opción escogida, es decir, qué pasos va a realizar cada miembro para su consecución.

María Helena Feliu nos propone partir de las siguientes cuestiones para abordar la resolución del problema:

- ¿Qué quiero yo?
- ¿Qué creo que quieres tú?
- ¿A qué acuerdo creo que podemos llegar?

Este ejercicio requiere de:

- ✓ El reconocimiento de las necesidades de ambos miembros. Todas ellas son igualmente legítimas y respetables y ninguno de ellos deberá menospreciar las necesidades y peticiones que formule su pareja ni por supuesto, hacer que se sienta ridículo.

- ✓ El reconocimiento de la responsabilidad compartida por lo que se refiere a la resolución del conflicto y a la disposición, por parte de ambos, para realizar concesiones y poder llegar así a un punto de acuerdo justo y satisfactorio para ambos. En este acuerdo, nadie debe sentir que está perdiendo, sino que deberán llegar a una solución en la que ambos miembros sientan que ganan en algún aspecto. En el acuerdo tomado, ninguna de las partes deberá sentir que se han vulnerado sus sentimientos o necesidades.

- ✓ Y en último lugar, será necesario poseer un grado de empatía suficiente que nos permita entender cómo se siente el otro miembro.

TEMA 4 - ¿CÓMO AFECTA A NUESTRO ENTORNO LA RUPTURA Y LA REESTRUCTURACIÓN FAMILIAR?

4.1. ¿CÓMO AFECTA A NUESTROS HIJOS LA RUPTURA DE PAREJA?

Adoptar y mantener la concepción de que la pareja es una entidad que debería perdurar para toda la vida incrementa los efectos negativos que el proceso de divorcio vaya a tener sobre cada uno de sus miembros. Desde la asunción de este concepto, la separación matrimonial y la ruptura familiar van a ser vividas como si fueran un fracaso colosal. El proceso de separación va a resultar doloroso para todos los miembros de la familia, de esto no nos cabe la menor duda, pero en función de cómo los adultos vivan, acuerden y sientan el proceso, éste va a tener unas u otras repercusiones para sus hijos.

No cabe duda que la separación de la pareja y la ruptura familiar que conlleva afecta a todos los miembros de la familia aunque, debemos poner especial atención en los efectos que va a causar este acontecimiento en los niños. Es importante detectar posibles problemas de adaptación que les pueda acarrear este proceso e intervenir para ayudarlos y amortiguar los efectos negativos que este cambio pueda conllevarles.

La separación de sus padres va a resultar para ellos una vivencia dolorosa y que van a percibir en un principio como muy negativa, pero no por ello, la separación debe resultarles traumática, y en gran medida, de sus padres depende que esto no sea así. Además, si la separación sirve para detener una espiral interminable de conflictos, desencuentros y discusiones, y poder pasar así, a formar parte de dos estructuras familiares nuevas que van a resultar, sin duda, más armoniosas que la estructura anterior, en este caso, el divorcio va a resultar una medida que va a ser positiva para todos a largo plazo pese al dolor inicial que pueda causar. Así, si la separación va a servir para acabar con las situaciones conflictivas, entonces, es mejor la separación a seguir permaneciendo en una familia intacta pero conflictiva, el problema es que, en algunos casos, el conflicto entre los padres no desaparece después de la separación sino que se puede mantener e incluso puede incrementarse colocando además, en muchas ocasiones al niño en la diana de sus discusiones. Cuando esto es así, sin duda, el niño va a sufrir las consecuencias y no va a poder salir de la espiral de conflicto que impera en la relación establecida entre sus padres y así, va a vivir el conflicto, antes, durante y después del proceso de divorcio.

Los niños que poseen un temperamento que facilita el hecho de sobrellevar los acontecimientos, que tienen un buen nivel de madurez y que no presentan problemas de conducta, generalmente, van a sobrellevar mejor el proceso de separación que aquellos niños que con anterioridad a la separación ya presentaban problemas de conducta. Los niños que poseen un temperamento más difícil, van a presentar más problemas a la hora de encajar el proceso de separación de los padres y la ruptura familiar y van a poseer menos recursos para mantener relaciones adaptativas tanto con sus padres como con las personas que forman parte de su entorno más cercano. Por el contrario, aquellos niños que posean un carácter más afable, mejores habilidades sociales y un temperamento fácil van a recibir un mejor apoyo por las personas de su entorno ya que van a ofrecer el feedback necesario para retroalimentar positivamente las relaciones con las personas más cercanas a

Porque 1+1 no siempre son 2
Guía de soporte para familias reconstituidas

ellos como pueden ser su padres, hermanos, abuelos, tíos, amigos profesores ..etc. Por lo tanto, según la personalidad que tenga el niño, su edad, el género y la forma en la que se produzca todo el proceso de divorcio, unos niños va a mostrar una alta capacidad de resistencia y adaptabilidad y otros, en cambio, van a mostrar mucha vulnerabilidad y dificultades relacionales. Para los hijos, el proceso de ruptura familiar es doloroso y complicado de sobrellevar debido a que:

- Implica una reorganización y reestructuración familiar que no es fácil de asimilar y tal asimilación va a requerir de un periodo largo de tiempo.

- Muchos de ellos han vivido en primera persona y durante mucho tiempo los conflictos matrimoniales de sus padres, esto les ha generado, como mínimo, sentimientos de inseguridad, impotencia y tristeza.

- Va a conllevar consigo un cambio de roles de cada uno de los miembros que forman parte de la familia después de la separación de esta.

- Van a tener percepción de pérdida, por lo menos parcial, de una o ambas de sus principales figuras de apego. Aunque la custodia sea compartida, generalmente, van a pasar menos tiempo con cada uno de sus papás a los que anteriormente veía seguramente cada día.

- En muchos casos, van a sufrir los efectos del declive económico que se da en muchas familias después del divorcio. Este es un problema añadido, y en muchos casos, es un problema muy importante ya que el declive puede afectar al niño en muchos aspectos de su vida como puede ser: las actividades extraescolares en las que participaba, las vacaciones, las actividades de ocio que realizaba con su familia, su lugar de residencia e incluso, en algunos casos, la separación acaba implicando un cambio de colegio.

- El grado de estrés que soportan los padres durante todo el proceso de separación afecta a la relación que mantienen con sus hijos. Un padre o una madre, tristes, preocupados, estresados y disgustados, difícilmente van a poder mantener una relación afectiva satisfactoria con sus hijos.

A lo largo de todo el proceso de conflicto, desencuentros y separación familiar, el niño puede experimentar sentimientos como:

- ✓ Sentimientos de inseguridad: con la separación de sus padres los hijos dejan de creer en la familia como un ente invariable, sólido e indestructible. El que era su "nido" y les proporcionaba sensación de seguridad, se quebranta. La ruptura de la relación establecida entre sus padres les va a ofrecer una visión menos romántica y esperanzadora de las relaciones de pareja. Dependiendo de la edad del niño, de su personalidad, y del tipo de apego que haya establecido con sus padres, este sentimiento cobrará más o menos fuerza pero, de todas formas, la separación va a ser un acontecimiento estresante y desestabilizador y los hijos van a necesitar de un tiempo determinado para encontrar de nuevo su estabilidad.

- ✓ Pérdida de confianza hacia uno o ambos progenitores por entender el niño que si uno de sus progenitores es capaz de abandonar el hogar familiar o si ambos han acordado destruir la unidad familiar, entonces ¿Cómo pueden convencerle de que no van a abandonarle a él?

- ✓ Culpabilizar y sentir resentimiento hacia uno de los progenitores por el hecho de haber tomado tal decisión.

Estos sentimientos van a propiciar que el niño mantenga una relación distante, fría y hostil respecto al progenitor al que responsabiliza de la ruptura.

- ✓ Fantasear con la idea que la reconciliación y reunificación familiar todavía es posible. Principalmente, mientras ninguno de los progenitores tiene una nueva relación de pareja, es muy frecuente que el niño mantenga la esperanza de la reconciliación de la pareja y la reunificación familiar.

- ✓ A veces, es posible que al reestablecerse los roles familiares en ambos hogares, el niño o chico adolescente acabe asumiendo roles que no le corresponden por edad, y además de que no le corresponden por edad, no le corresponden tampoco porqué no es él el padre o la madre de familia, y asimismo, en muchas ocasiones estos niños se ven ejerciendo el rol de hermano mayor a cargo de sus hermanos más pequeños, por poner algún ejemplo. Aunque en algunas familias es complicado, después de la separación no hacer una reestructuración y repartición de roles que requieren de la implicación, a veces excesiva de los niños, lo cierto es que el hijo no debería responsabilizarse de ciertas cuestiones que no le corresponden. La situación ideal, aunque no siempre es viable, sería que aunque sus padres se separen él debería seguir recibiendo el apoyo y la protección tanto de su padre como de su madre y no al revés. Es decir, que no debería ser él/ella quien deba desempeñar el rol de "padre/madre de familia" u ofrecer soporte emocional al otro adulto. No le corresponde a él ejercer el rol de figura protectora sino que a él/ella debería seguirle correspondiendo su ROL, es decir, el rol del hijo al que sus padres siguen guiando, protegiendo, criando y educando

- sin que se alteren estos patrones, aunque, como venimos diciendo, esto no siempre puede ser así.
- ✓ Trastornos de estado del ánimo o del sueño, estado del ánimo deprimido o manifestaciones de estado del ánimo ansioso
- ✓ Problemas de conducta, pueden manifestarse estos tanto en el hogar como en el aula así como en cualquier otro entorno. Estos problemas en su conducta van a dificultar el curso de sus relaciones. Los problemas de conducta pueden ser diversos: enfrentamientos con los adultos o con sus iguales, aislamiento social, muestras de agresividad tanto verbal como física, autolesiones, conductas desafiantes y muestras de desobediencia..etc
- ✓ Bajo rendimiento académico, el proceso de la separación puede acarrear que el niño pierda el interés en sus estudios o que baje notablemente su nivel de concentración y atención, esto sin duda, puede repercutir negativamente en los resultados académicos.

La forma en la que los padres y la familia extensa vivan el proceso de separación pueden, o bien perjudicar al niño claramente, o bien amortiguar muchísimo los efectos a veces devastadores que el proceso de divorcio pudiera tener. Por todo ello es muy importante que tengamos esto muy presente en todo momento. Algunos aspectos a revisar y aplicar para resolver estos problemas son:

- ❖ Evitar a toda costa hablar mal del ex cónyuge ni atribuirle la culpa de la situación actual ni hacer que parezca el único responsable de la ruptura familiar. El niño tiene derecho a preservar una imagen intacta de cada uno de sus progenitores después de la separación sin que esta imagen se vea contaminada por la visión actual que puedan tener ambos miembros de la pareja de su ex cónyuge. Experimentar y expresar sentimientos como el rencor o la ira hacia nuestra expareja va a dificultar el proceso de adaptación de nuestros hijos a la nueva situación.

- ❖ Fomentar el dialogo con nuestros hijos, hablar de cómo se sienten, intentar empatizar al máximo con ellos. En ocasiones, los adultos estamos inmersos en nuestro propio proceso de pérdida y aceptación, en la resolución de nuestros problemas, en los problemas relacionales con nuestra ex pareja o centrados en una nueva ilusión como comenzar una etapa nueva o una etapa de enamoramiento, todo esto puede llevarnos a que no nos percatemos de cómo se sienten nuestros hijos. Debemos así fomentar el dialogo para abordar todo aquello que les preocupe y resolver todas las dudas que les puedan surgir.

- ❖ Transmitir al niño que sus padres siguen velando por él y atendiendo a sus necesidades, que van a estar para todo aquello que necesite, que el hecho de que uno o ambos hayan tomado la decisión de separarse eso no les convierte en malas personas o en unos padres irresponsables.

- ❖ En ocasiones, hay situaciones en las que el niño sufre un trastorno o manifiesta alteraciones a nivel conductual..etc, en algunos casos en los que esto pasa, a veces, los padres pueden acabar discutiendo a raíz de este problema, en otros casos, pueden discutir también por la forma en cómo se debería educar al niño, en ocasiones, dentro de la pareja, uno y otro progenitor mantienen estilos educativos distintos y esto puede provocar más de un desencuentro. El niño desconoce la naturaleza y la magnitud de los problemas que pueden acontecer en una relación de pareja y que originan los conflictos y estas discusiones pueden hacer pensar al niño que sus padres discuten por su culpa y que este hecho es el que ha provocado la separación en la pareja. Si aparecen en el niño sentimientos de culpabilidad respecto a la decisión tomada por sus padres, será necesario hacerle entender que él o su comportamiento nada ha tenido que ver con esta decisión.

❖ Es necesario velar por seguir manteniendo las mismas prácticas de crianza que se venían aplicando en la familia original. Ambos progenitores deben intentar mantener la misma disciplina, normas y horarios que mantenían en el hogar familiar. Esta consistencia y el mantenimiento de la misma línea de crianza va a ofrecer estabilidad y seguridad al niño. Por lo tanto, en la medida en la que sea posible, va a mantenerse el mismo estilo educativo que veníamos aplicando hasta el momento e intentaremos que los niños vivan tan pocos cambios como nos sea posible para que su adaptación no sea tan costosa.

❖ Ofrecerles espacios de calidad, por ejemplo, realizar juntos cualquier actividad y asegurarnos que sus necesidades afectivas están bien cubiertas, debemos dispensarles grandes dosis de afecto siempre, pero sobre todo a lo largo de este periodo de transición.

❖ Debemos evitar convertir a nuestros hijos en nuestra fuente principal de apoyo emocional por las razones que citamos a continuación:

✓ en primer lugar porqué esto les podría dar entender que uno de sus progenitores está muy triste o sobrepasado por culpa del otro,

- ✓ en segundo lugar, porque son niños y no disponen de los recursos que los adultos necesitamos para manejar nuestras emociones,
- ✓ en tercer lugar porque debemos ser para ellos un ejemplo de personas que poseen una cierta capacidad de resiliencia y que, por lo tanto, a pesar de las dificultades seguimos avanzando, y finalmente,
- ✓ y en cuarto lugar, porque ya están ellos pasando por su propio proceso de perdida para que además deban sentirse responsables del cuidado de sus progenitores. Todo esto no implica que debamos ocultar como nos sentimos pero sí que deberíamos minimizar los sentimientos negativos que experimentemos y deberemos buscar este tipo de apoyo emocional en otras personas que no sean nuestros propios hijos.

❖ Coordinarnos con la escuela así como con otras instituciones y contextos en los que el niño interactúe para poder detectar, entre todos, si aparecen comportamientos que puedan resultar desadaptativos para el niño y que puedan originarle problemas

❖ En algunos casos, es necesario que el niño acuda a terapia psicológica si detectamos que los efectos que tiene en él el proceso de separación se intensifican o se prolongan en el tiempo aunque solo una minoría de niños presenta problemas psicológicos graves por este motivo. La terapia va a resultar también muy útil también para ofrecer pautas a los padres, y por otro parte, puede ayudar o acompañar a nuestros hijos en el proceso de pérdida y ayudarlo a elaborar la vivencia de este proceso de una forma constructiva, y prevenir la aparición de conductas desadaptativas o nocivas para el niño/adolescente y/o su entorno

❖ En ocasiones aparece en el niño un sentimiento de desapego, de no formar parte de uno o incluso de ninguno de los dos hogares a los que ahora pertenece y esto suele acarrear separación de la familia y una marcada tendencia al aislamiento, y este comportamiento contribuye a que la cohesión familiar no pueda consolidarse. Además, este alejamiento de la familia va a propiciar, en muchas ocasiones, la búsqueda y el acercamiento a grupos de iguales con los que identificarse y sentirse como un componente más, es decir, que el niño o el adolescente va a buscar el sentido de pertinencia grupal, en gran medida, para llenar el vacío que siente de pertinencia al grupo familiar. En función de cuales sean las características del grupo y la forma en cómo se definan los miembros que pertenecen a él, el adolescente o preadolescente puede acabar adoptando conductas de riesgo.

❖ Intente no caer en la tentación de preguntar a sus hijos sobre cómo vive su expareja, los niños creen deber lealtad a ambos progenitores y formular preguntas sobre el estilo de vida que lleva su pareja, puede generarles un grado importante de incomodidad. Nuestros hijos deben sentirse libres para poder explicar aquello que les apetezca sin que se les presione para que lo hagan y sin que sientan que se está examinando y/o desaprobando la forma de hacer de su otro progenitor.

El divorcio de los padres es siempre un acontecimiento adverso para los niños pero los efectos que este acontecimiento tan estresante tenga en su desarrollo van a depender, en gran medida, del clima afectivo familiar que incluiría aspectos como:

- ✓ la presencia o la ausencia de conflicto entre sus padres tanto mientras todavía dura la convivencia como después de la separación.
- ✓ la calidad de las relaciones paterno-filiales. La calidad en estas relaciones va a venir determinada por el estilo educativo, las prácticas de crianza, el fomento de la confianza en la relación, las muestras de afecto..etc
- ✓ la neutralidad del niño en cuanto al hecho de mantenerse al margen del conflicto, si es que este perdura y que no se posicione a favor de uno de sus progenitores y en contra del otro. A veces, un miembro de la pareja "contamina" de forma más o menos consciente a los niños y los posiciona así, en contra de su expareja.

En muchos casos, las "conductas problema" que puedan ejecutar los niños después del proceso de ruptura familiar, ya comenzaron a manifestarse mucho antes de la ruptura de la pareja y se originaron con la aparición del conflicto de pareja que, probablemente, comenzó mucho antes que aconteciera la ruptura aunque, en muchos casos, los padres o profesores se percatan del problema después del proceso de separación familiar.

Ante la separación de sus padres, los niños tienen derecho a:

- ➢ Seguir manteniendo una relación afectiva de calidad con cada uno de sus progenitores y sin que en esta relación se den interferencias malintencionadas.
- ➢ No verse, de ninguna forma, involucrados en el conflicto matrimonial.
- ➢ Los niños no pueden sentir que deben decidir sobre cuestiones que no corresponden a su edad, como podría

ser el caso que se les pida la opinión sobre con quien desea vivir o con qué frecuencia desea convivir con uno y otro progenitor.

➢ Disfrutar de la compañía de cada uno de sus progenitores al margen de si ambos se responsabilizan de cubrir sus necesidades a nivel económico. Hay casos en los que uno de los progenitores no contribuye económicamente, en la medida que les correspondería pero, aún así, el niño tiene el derecho de disfrutar de la compañía de su padre/madre.

➢ Disponer de su propio espacio personal en cada uno de los dos hogares en los que vive. Si es posible, facilitaremos que el niño disponga de su propia habitación, en caso que deba compartir este espacio, deberemos asignar a cada miembro su propia zona de trabajo, su zona de juego o su espacio en su armario.

➢ Desarrollar y mantener relaciones con otras personas que mantengan relación de parentesco, pareja o amistad con sus progenitores siempre y cuando estas relaciones no interfieran o resten calidad al vínculo paterno/materno-filial.

4.2. LOS DIFERENTES ESTILOS EDUCATIVOS PARENTALES Y LA FAMILIA RECONSTITUIDA

En la familia reconstituida pueden surgir serios problemas si ambos miembros de la pareja aplican diferentes estilos educativos entre ellos o en función de si se trata de sus hijos o de sus hijastros. También puede generar problemas la diferencia de estilos educativos si esta diferencia es muy acusada y se da entre los dos hogares a los que pertenezca el niño, por este motivo es fundamental que ambos progenitores mantengan una relación cordial y basada en la comunicación y el buen entendimiento, es importante que uno y otro conozca cuales son las reglas que rigen en el otro hogar de su hijo para ajustar aquellas normas que sean muy dispares y cuya disparidad podría crear confusión en el niño y, a largo plazo podría también generar conflicto. Este consenso hace referencia a normas generales y no a pequeños detalles ni normas que no tienen importancia, pero sí que debe haber cierta coherencia entre los dos hogares en lo que se refiere a las normas cuyo cumplimento ambos progenitores consideran más importantes.

Cuando se planteen desacuerdos en cuanto a los estilos educativos dentro del mismo hogar o bien entre los distintos hogares, los niños no deberán estar presentes en la deliberación. Aunque la pareja de la familia reconstituida pretenda consensuar una línea educativa en el hogar común para los hijos de ambos, la implantación de dicha línea debería ajustarse en lo posible a los dos estilos educativos previos que estén recibiendo los niños y deberá implantarse progresivamente. Debemos respetar también que los progenitores que forman parte de la familia sigan educando, si así lo desean, a sus hijos de la misma forma en la que lo venían haciendo. Que se dé armonía en el hogar en este sentido no es un cometido fácil ya que ambos progenitores vienen educando a sus hijos de una forma determinada y si las normas comunes que se acuerdan difieren mucho de las normas anteriores, esto va a crear confusión en los niños pero, por otra parte, es positivo que ambos sigan la misma línea para que los niños no perciban situaciones de injusticia o de desventaja respecto a la educación y la disciplina que reciben sus hermanastros, por ello, todo este proceso debe darse de forma muy progresiva, flexible y debemos tener muchísimo cuidado a la hora de ir cambiando las normas y la forma de enseñar y guiar a nuestros hijos.

En caso que se considere conveniente aplicar un castigo, se hará siempre de manera que dicho castigo afecte solo al niño cuando se encuentre en nuestro hogar y que no le afecte cuando se encuentre en el hogar del otro progenitor. Si hubiere algún problema o alguna conducta que resulte más preocupante, entonces, es conveniente que los ex cónyuges acuerden en qué forma abordar la situación, en esta caso sí, si se considera necesario, el castigo se instaurará de la misma forma en los dos hogares pero siempre de forma acordada entre ambos progenitores, y en caso que, uno de los dos crea que se puede levantar el castigo, debería decidirlo conjuntamente con el otro, ya que la medida correctiva se instauró de mutuo acuerdo, y por lo tanto, la retirada de esta medida debe hacerse también de forma consensuada. Dicho esto, debemos recordar que las muestras de atención, interés y afecto hacia nuestros hijos son, sin duda alguna, las mejores herramientas de las que disponemos para educarlos. El refuerzo positivo aumentará siempre la probabilidad que se produzcan las conductas deseadas.

Hay diferentes estilos educativos según los cuales los padres orientan la forma en la que educan a sus hijos. Nosotros vamos a utilizar la clasificación de **Maccoby y Martin** bajo la cual distinguen cuatro estilos de educación parental, estos estilos se toman como punto de referencia dos factores que son la **sensibilidad** (afecto, aceptación e implicación y la **exigencia** (control, supervisión y demandas de madurez). Estos estilos educativos son los que siguen:

- El estilo **democrático** (padres sensibles y exigentes)

- El estilo **autoritario** (padres insensibles y exigentes)
- El estilo **permisivo** (padres sensibles y consentidores), y
- El estilo **negligente** (padres insensibles y poco exigentes)

En el estilo democrático, los padres se muestran exigentes; promueven la autonomía e independencia de sus hijos; mantienen una comunicación abierta con ellos y siempre tienen en consideración sus sentimientos. Sus reglas son flexibles, además explican el propósito de dichas reglas y se muestran abiertos al debate y a la negociación. Los niños que han sido educados bajo el estilo parental democrático, presentan una mayor capacidad de adaptación a los cambios, confían en ellos mismos, muestran un mayor grado de autocontrol, disponen de habilidades sociales adecuadas, obtienen mejor rendimiento a nivel académico y su nivel de autoestima es correcto.

En el estilo autoritario, los padres imponen las normas y no conciben que estas no se cumplan, en caso que el niño desobedezca, los padres suelen aplicar castigos bastante severos y poco razonables En este estilo, la comunicación paterno/filial es muy pobre y las reglas son muy rígidas. Estos padres no fomentan la independencia de sus hijos y estos pueden mostrarse temerosos, inseguros y sus habilidades sociales pueden ser pobres.

En el estilo permisivo, los padres imponen pocas restricciones y son poco exigentes con sus hijos. En pocas ocasiones aplican castigos y depositan una gran confianza en sus hijos, este funcionamiento proporciona a los niños un alto grado de libertad ya que nadie les establece límites. Estos padres fomentan la autonomía de sus hijos y a menudo, son etiquetados como padres indulgentes. Los niños que han sido educados bajo esta orientación bien pueden mostrar conductas agresivas, impulsividad, rebeldía y un alto grado de irresponsabilidad, o bien, pueden ser independientes, activos, con altas capacidades tanto sociales como creativas, pueden mostrar buen autocontrol y un grado de autoestima adecuado.

Y por último, **en el estilo negligente**, los padres no imponen límites a sus hijos, no hay normas así que el niño dispone de total libertad. Desde este tipo de interacción, los padres apenas proporcionan atención ni muestras de afecto a sus hijos. Los padres que tienen este estilo, no se muestran sensibles hacia sus hijos, ni afectuosos, ni tampoco muestran interés por sus quehaceres. Si además estos padres son hostiles, entonces los niños tienden a mostrar conductas destructivas y conductas delictivas.

4.3. ¿CÓMO AFECTA A NUESTROS HIJOS LA NUEVA RELACIÓN E INCLUSIÓN DE LOS NUEVOS MIEMBROS EN EL NÚCLEO FAMILIAR?

Como ya hemos mencionado, la constitución de una nueva familia es un acontecimiento que afecta a todos los miembros que van a formar parte de esta unidad familiar. Los niños necesitan tiempo para elaborar el proceso de adaptación y asimilar la perdida de la unidad familiar original, por eso es importante y recomendable respetar el periodo de tiempo que sea necesario antes de formalizar la nueva relación de pareja y antes de constituir la nueva unidad familiar. Por todo ello es muy importante que cuando decidamos dar el paso de presentar nuestra pareja a nuestros hijos, lo hagamos cuando esta persona nos de seguridad y la relación se encuentre ya en una etapa avanzada y de cierta estabilidad, esto es, después de llevar ya un cierto tiempo con él/ella, después de estar seguros tanto de nuestros sentimientos como de los suyos y después de estar seguros que deseamos incluir a esta persona en la crianza y educación de nuestros hijos así como de involucrarnos nosotros en la educación y crianza de los suyos si es que los tiene.

A lo largo de todo el proceso de adaptación de cada miembro a esta nueva estructura familiar, se van a producir cambios y van a haber periodos más difíciles de llevar que otros. Debemos tener en cuenta que los hijos de cada uno de los cónyuges no escogen formar parte de esta nueva familia, como tampoco escogieron ni estaban de acuerdo, en que se disolviera la anterior unidad familiar de la que formaban parte. Estas nuevas situaciones que los niños no han elegido y a las que en algunos casos, se oponen frontalmente, pueden acarrear algunos problemas tanto al niño, como al funcionamiento familiar y puede propiciar que el establecimiento de los vínculos entre sus miembros sea una tarea más que complicada.

Los niños necesitan contar con un vínculo afectivo seguro y estable con un adulto. Esta persona o personas deberán proporcionar al niño todo aquello que necesite, va a cubrir sus necesidades materiales y físicas, afectivas, educativas..etc. Una vez estas necesidades estén bien cubiertas y que el niño se vincule de forma segura con su progenitor, entonces, el cómo sea o en qué forma quede estructurada su familia va a resultar una cuestión menor. La competencia de una familia no está en su forma sino en las capacidades que esta unidad tenga para satisfacer las necesidades de todos sus miembros.

La ruptura familiar puede ser beneficiosa para el niño a largo plazo si esto comporta el fin del conflicto en una familia que tenía problemas de convivencia y que se encontraba sumida en una dinámica de interacciones negativas pero, de cualquier forma, la separación de la unidad familiar de origen y la constitución de una nueva unidad familiar va a implicar en menor o mayor medida unos cambios importantes que van a requerir de la creación de un repertorio de recursos y respuestas que faciliten la adaptación del niño a la nueva situación. Esta adaptación no va a ser fácil para el niño debido a que la relación paterno/matero-filial precedía a la que es ahora la nueva relación de pareja de uno de sus progenitores y este hecho, sin duda, puede generar en el niño ciertas dificultades para adaptarse a la nueva situación y provocar que demande mucha atención por parte de su progenitor o que se oponga abiertamente a la nueva relación de pareja y/o que rechace a los nuevos miembros que se incorporen a la unidad familiar.

Como hemos comentado en diversas ocasiones, el vínculo paterno/materno-filial en la familia reconstituida, precede al vínculo de pareja y este hecho puede generar rechazo, competitividad o conflictos de lealtades. Los niños que han vivido el proceso de divorcio de sus padres han pasado por un periodo a lo largo del cual han sufrido una reorganización familiar importante que implica, como mínimo, que de repente tengan dos hogares, que si están en uno de esos dos hogares, no pueden disfrutar de la compañía y el afecto de su otro progenitor, y seguramente, el divorcio también va a implicar que pasen menos tiempo del que pasaban antes con cada uno de sus padres. Así que, como mínimo, estos van a ser los cambios a los que van a tener que hacer frente. Si a esto le añadimos que muchos de estos niños han vivido el conflicto que había entre sus padres con todo lo que este hecho puede implicar para ellos, entonces, sin duda, el hecho de formar parte de una nueva unidad familiar de la que ellos no han pedido formar parte, no va a ser un proceso fácil.

En muchos casos los niños experimentan un sentimiento de abandono cuando se forma la nueva familia debido al hecho que el padre o la madre, se encuentran bajo los efectos del enamoramiento y en el proceso de consolidación de los vínculos afectivos con la que es ahora su pareja. Este hecho a menudo, puede provocar que el adulto esté tan pendiente de sus propias necesidades afectivas que puede que le pasen inadvertidas algunas necesidades afectivas de sus hijos. Además del sentimiento de abandono en el niño, esta situación puede generar resentimiento del niño hacia el padrastro/madrastra que es la figura que les está quitando el protagonismo.

Si decidimos formalizar una nueva relación de pareja no debemos preguntar a nuestros hijos su opinión respecto a si prefieren que mamá o papá tenga una nueva pareja, si hacemos esto y al niño no le gusta esta idea, entonces intentará persuadir al progenitor para que no establezca ninguna relación amorosa y se empoderará y boicoteará la relación en caso que esta se estableciera. Por lo tanto, deberemos hablar al niño de la nueva pareja cuando esta relación nos induzca confianza y estabilidad. En este momento, deberemos tener presentes los miedos de nuestro hijo y demostrarle que estos miedos son infundados, deberemos hablar con nuestros hijos en este momento y explicarles que nuestro amor hacia ellos siempre será incondicional.

Por otra parte, si el niño si desea que papá o mamá tengan una nueva pareja y si este nuevo miembro de la familia le gusta, este hecho también puede crear en el niño sentimientos ambivalentes y un conflicto de lealtades, es decir, el niño puede pensar que si quiere a su madrastra o a su padrastro, entonces, está siendo desleal para con su padre o madre. En este momento es importante que hablemos con los niños y que consigamos que entiendan que por el hecho que quiera, aprecie o se divierta con nuestra pareja, esto no implica de ninguna forma que quiera en menor medida a su padre o madre y que, además, nadie pretende ni se espera que esto sea así, es decir, que ninguno de los adultos espera de él/ella que quiera en menor medida a ninguno de sus progenitores, simplemente, debe entender que no es culpable por sentir cariño hacia otra persona además de sus padres.

Deberemos explicar a los niños que la nueva pareja de papá o mamá será quien se haga cargo de ellos en caso que el progenitor no se encuentre en el hogar, y que por lo tanto, los dos adultos de la familia son las dos figuras de autoridad. Que el padrastro o la madrastra se haga cargo de los hijos de su pareja es una tarea que deberá instaurarse también de una manera progresiva, intentando no forzar la situación para que el niño pueda ir adaptándose y tomando confianza a la nueva figura. Insistimos que las muestras de afecto y la paciencia van a ser los mejores ingredientes que el padrastro o la madrastra pueden aportar para la consolidación de esta nueva relación.

Para los hijos, la aparición de una nueva pareja va a significar:

- Tener que renunciar a la esperanza o a la idea de que sus padres vuelvan a estar juntos. Ellos van a entender que la aparición de una tercera persona va a impedir que esto sea posible.
- Sentir un gran temor por perder el afecto de uno de sus progenitores: van a temer que su progenitor acabe

prefiriendo querer más a su pareja y los hijos de esta que a él/ella.
- Sentir que de alguna forma tienen el deber de aceptar y querer a esta persona que hasta hoy es un completo desconocido/desconocida.
- Adaptarse a convivir con este nuevo miembro de la familia y con sus hijos en caso que los hubiera.
- El temor a tener que cambiar de escuela, de amigos o de lugar de residencia según donde resida la nueva pareja de papá/mamá.
- El establecimiento de nuevas relaciones con la familia extensa de su padrastro/madrastra.

Un problema que puede aparecer en estas familias es que la nueva relación de pareja comenzara antes de la ruptura matrimonial. Si los niños conocen esta información, entonces les va a resultar más difícil aceptar a la nueva pareja sentimental de su progenitor ya que para ellos va a ser la culpable de la ruptura matrimonial y familiar.

En muchas ocasiones los adultos, bajo los efectos del enamoramiento toman la decisión de formar una nueva familia sin meditar apenas la cuestión. Algunas recomendaciones que deberíamos tener en cuenta en el momento que decidamos dar el paso y presentar nuestra pareja a nuestros hijos son:

❖ En primer lugar, hablar a los niños de esta nueva pareja, explicar quién es y porque nos sentimos a gusto a su lado, en definitiva, explicarles qué es lo que nos aporta esta relación.

❖ Deberemos explicar a los niños la incondicionalidad de nuestro amor hacia ellos y deberemos asegurarnos que entienden que el vínculo paterno-filial no se ve afectado porque uno de los progenitores tenga una nueva pareja.

- ❖ Explicar al niño que la nueva pareja no ha venido a sustituir al otro progenitor en lo que respecta a sus funciones de padre o madre y que, por lo tanto, le quede claro que nadie vino a ocupar el lugar de nadie.

- ❖ A la hora de organizar el primer encuentro, vamos a escoger un lugar en el que todos, pero sobre todo los niños, puedan sentirse cómodos.

- ❖ En los primeros encuentros la pareja deberá evitar mostrarse demasiado afectuosos entre ellos para no incomodar a los niños.

- ❖ Intentar que los primeros encuentros sean breves, es decir, que no debemos organizar una semana de vacaciones todos juntos cuando apenas los niños conozcan a la nueva pareja de su padre/madre. Debemos ser muy cuidadosos con esto e ir creando vínculos pero de forma muy progresiva.

- ❖ Por supuesto, no se recomienda que ninguno de los dos ex cónyuges haga oficial su relación con otra persona, en caso que esta persona exista, hasta transcurrido un periodo de tiempo prudencial en el que el niño haya tenido por lo menos tiempo suficiente para asimilar la ruptura familiar. En caso que el padre o la madre, establecieran u oficializaran una nueva relación casi al mismo tiempo en el que se produce la ruptura, para el niño esto representaría una traición ya que para ellos podría esto representar que papá o mamá ha decidido romper para cambiar su familia por otra relación o por otra familia a la que quiere más. Así que, si es posible, mejor evitemos esta situación.

TEMA 5. VIEJOS RENCORES: NUEVOS PROBLEMAS.

5.1. LA RELACIÓN ENTRE LOS EXCONYUJES COMO FACTOR PREDICTOR DEL BUEN FUNCIONAMIENTO EN LA FAMILIA RECONSTITUIDA.

Después de la separación es necesario que los ex cónyuges sigan manteniendo, inevitablemente, un cierto grado de relación. Mantener la comunicación es necesario dada la necesidad de llegar a acuerdos con la intención de mantener una cierta coherencia en los patrones educativos y las normas que se establezcan en ambos hogares, en caso que estas normas sean muy diferentes en uno y otro hogar, esto va a confundir al niño. La habilidades de las que dispongan los progenitores para reestablecer y mantener una relación cordial y cooperativa después de la ruptura es crucial para una mejor adaptación, sobre todo del niño pero también de los adultos implicados. Mantener una relación constructiva con el ex cónyuge y en la que la prioridad absoluta sea siempre el bienestar de nuestros hijos será un ingrediente esencial para su felicidad así como también para el buen funcionamiento familiar de ambos hogares. La buena relación de los ex cónyuges es un beneficio a largo plazo para todos.

La relación entre los ex cónyuges no solo debe ser cordial sino que es recomendable que ambos progenitores realicen individualmente un trabajo a nivel personal que les ayude a perdonar sinceramente al otro y a desintoxicarse emocionalmente de la relación anterior y que aparquen ya, de una vez por todas, los rencores que en muchos casos, se vienen arrastrando desde un tiempo atrás. Según como sea la relación entre ellos esto va a afectar a todo el funcionamiento familiar. Por ejemplo, si la relación es cordial y correcta pero en el fondo no se han perdonado cosas del pasado, estos sentimientos de rencor van a ser captados por los niños aunque los padres se abstengan de exteriorizarlos e incluso aunque a veces, ni tan solo, sean conscientes de tener estos sentimientos. Además, la calidad de la relación que se ha establecido entre los ex cónyuges puede conllevar también pequeños y grandes problemas en la nueva relación de pareja de la familia reconstituida, por ejemplo al nuevo cónyuge le puede molestar que los ex cónyuges mantengan una relación demasiado estrecha basada en el apoyo y la colaboración. A su vez, al ex cónyuge puede molestarle que su ex formalice una nueva relación y este hecho puede afectar también a la forma en la que se venían relacionando hasta el momento.

Cantón Cortés y Justicia, en su libro **Conflictos matrimoniales, divorcio y desarrollo de los hijos,** concluyen que:

- ✓ Una cuarta parte de las parejas divorciadas, siguen manteniendo, a largo plazo, relaciones que se caracterizan por un alto nivel de conflicto. Esta situación, sin duda, va a tener graves repercusiones en el curso vital de todos los miembros de la familia.
- ✓ Otra cuarta parte, mantienen relaciones basadas en el apoyo, la cooperación y el consenso, y que
- ✓ La mitad de las parejas divorciadas optan por mantener una relación que se caracteriza por un nivel muy bajo de comunicación y cooperación pero en la cual tampoco el uno interfiere o juzga la forma de hacer del otro. Es estas relaciones, normalmente, el nivel de conflicto es inexistente

o muy bajo. En las familias que se encuentran de este grupo, cada progenitor ejerce el estilo educativo y las prácticas de crianza que prefiere para sus hijos y el otro progenitor, se mantiene al margen sin criticar u obstaculizar esta forma de hacer. Ambos respetan la forma de funcionar del otro hogar.

El tipo de relación que mantengan los ex cónyuges entre ellos va a ser una cuestión clave en relación al grado de satisfacción de cada uno de los miembros de la familia. El tipo de relación que cada uno mantenga en relación con su expareja, va a ser un factor determinante para que se establezca una buena comunicación y un bien entendimiento entre los dos hogares en los que va a vivir el niño, y este clima de entendimiento va a contribuir, sin duda, a que el niño consiga tener tranquilidad, confianza y bienestar. Si hay un buen clima entre los dos hogares, entonces el niño no se siente cohibido ni siente que tenga que ir vigilando con todo aquello que dice o hace. En algunos hogares se instruye a los niños para que no cuenten, en el otro hogar, nada de cómo se funciona en casa y eso, para ellos, es muy incómodo. Cuando el conflicto, las muestras de hostilidad, los desacuerdos, los viejos rencores y la falta de cordialidad entre los padres sigue imponiéndose después de la separación, este problema va a ser una fuente de estrés para todos y va a desencadenar que acontezcan situaciones muy desagradables que violenten e incomoden a los adultos, y sobre todo, a los niños. Así que se hace muy necesario para todos redefinir cómo debe ser esta relación y establecer una relación basada en el entendimiento y la cooperación, ya que mantener las buenas formas va a reportar un mayor grado de bienestar para todas las personas implicadas y merece la pena trabajar para que esta relación sea positiva para el bien de todos.

La continuidad de una mala relación entre los ex cónyuges va a acarrear problemas entre los miembros de la nueva pareja, tensiones entre los niños y su padrastro o madrastra, e incluso, puede erosionar seriamente el vínculo paterno/materno filial debido a las interferencias que la mala relación que mantienen sus padres entre ellos pueda causar a esta relación.

Por lo tanto, si la relación entre los ex cónyuges no es buena, esto va a tener serias repercusiones en el funcionamiento familiar ya que la visión que el niño o la niña tenga de esta nueva familia como unidad, así como la visión que tenga sobre los miembros que la componen y la calidad de los vínculos afectivos que establezca con cada uno de sus componentes va a verse contaminada por la percepción que tenga su otro progenitor, y que le va a transmitir.

5.2. El SÍNDROME DE ALIENACIÓN PARENTAL (SAP)

El síndrome de la alienación parental surge cuando uno de los dos progenitores manipula a sus hijos con la intención que estos tomen partido y se posicionen a favor de uno y en contra del otro progenitor. El progenitor manipulador pretende destruir el vínculo afectivo que su ex pareja mantienen con sus hijos, esta manipulación se lleva a cabo a través de críticas constantes, actitud de menosprecio, falsas acusaciones, muestras de sentimientos de hostilidad hacia el otro miembro, y el hecho de mantener una actitud de víctima a través de la cual se acusa al otro miembro del matrimonio de la situación (lamentable situación) personal o familiar actual.

Normalmente la alienación parental, en caso que aparezca, se da durante el proceso de separación y posteriormente. En los casos más graves los niños que se encuentran sobre los efectos de la manipulación parental continuada acaban desarrollando altos niveles de odio injustificado hacia el progenitor alienado. No cabe duda alguna que la alienación parental es una forma de abuso o maltrato infantil que va a acarrear dificultades en el desarrollo personal del niño y que va a destrozar, o como mínimo, dañar seriamente los vínculos afectivos paterno/materno filiales dependiendo de cuál de sus dos progenitores sea el miembro alienado.

Algunas de las estrategias que utiliza el padre/madre alienador con la finalidad de manipular a su hijo para conseguir que se posicione en contra de su otro progenitor son:

- Menospreciar y ridiculizar a su ex cónyuge delante del niño
- Criticar abiertamente y hablar mal de su expareja con otros adultos y ante la presencia del niño
- Dificultar que pueda cumplirse con normalidad el régimen de visitas establecido, poniendo mil y un impedimentos con la finalidad de disminuir la frecuencia o la duración de estas visitas.
- Reforzar positivamente en el niño su actitud de rechazo o menosprecio hacia su padre o madre.
- Subestimar los sentimientos positivos que el niño pueda sentir hacia el progenitor ausente
- Menospreciar cualquier habilidad atribuible al padre alineado y que el niño intente destacar.
- Mal hablar de forma abierta al niño de su otro progenitor haciéndole sentir que no le quiere, que no se preocupa por él, que es alguien egoísta, que no se ha portado bien…etc

Estas estrategias van a menguar la calidad afectiva de la relación que el niño mantenga con su progenitor alineado, y en muchas ocasiones, este deterioro es irreversible. Algunos de los síntomas y signos que puede manifestar el niño manipulado son:

- Presencia de sintomatología ansioso depresiva: tristeza, irritación, inquietud, ansiedad..etc
- Aparición de regresiones en habilidades ya adquiridas como el control de la micción, de la defecación o adopción de conductas impropias de su edad y características de etapas previas de su desarrollo
- Alteraciones psicosomáticas como problemas en el sueño o la alimentación, pérdida de apetito, presencia de pesadillas, temblores, sudoración..etc
- Muestras de hostilidad, agresividad y rechazo hacia la figura paterna o materna alienada
- Dificultades de concentración, negativa para asistir a clase y/o descenso notable en su rendimiento académico habitual
- Muestras de dependencia emocional e instrumental hacia el padre/madre manipulador/alienador
- Adopción de un discurso de índole o naturaleza adulta impropio de su edad, este lenguaje es adoptado generalmente del adulto alienador

TEMA 6. FOMENTAR LA COMUNICACIÓN Y LA CONFIANZA Y LA CONSOLIDACIÓN DE VÍNCULOS AFECTIVOS

6.1. LA CONSOLIDACIÓN DE LOS NUEVOS VÍNCULOS AFECTIVOS

La formación de una nueva familia va a requerir de la buena voluntad de todos sus miembros y todos ellos deberán trabajar por una buena adaptación a la nueva unidad familiar, por otra parte, todos sus miembros pueden verse beneficiados por la inclusión de nuevos miembros a esta unidad ya que todos ellos pueden ofrecer apoyo y afecto a los demás.

Para una adecuada creación y consolidación de vínculos familiares no va a ser suficiente con que los adultos cumplan con sus responsabilidades y con que todos los miembros, de forma conjunta, realicen actividades agradables. Los miembros de la familia, y principalmente los adultos que forman parte de ella van a trabajar por la cohesión y la conciencia de equipo. Deberán preocuparse para que, cada miembro se sienta apoyado, respetado, considerado y justamente tratado.

Por otro lado, con la formación de la nueva unidad familiar, cada uno de sus miembros deberá adoptar nuevos roles dentro de la nueva estructura. Un inconveniente que suele surgir en este establecimiento de roles es la rapidez con la que deben ejercerse, es decir, si la familia reconstituida comienza a convivir sin previamente haber hecho un proceso más o menos largo de acoplamiento, esto es, encuentros agradables frecuentes pero informales hasta que se establezcan ya relaciones de confianza y la aceptación y adaptación entre sus miembros, entonces, en caso contrario y si se pretende que la adaptación sea inmediata, el desacuerdo y los pequeños desencuentros están servidos.

Respecto a los roles, es decir, respecto a aquellas funciones que van a desempeñar cada uno de los miembros de la unidad familiar, en un principio no van a estar muy bien definidos y deberán irse perfilando con el paso del tiempo, cada miembro de la unidad familiar deberá ir buscando y colocándose en el lugar que le corresponda. A lo largo de este periodo de adaptación de roles, pueden surgir discrepancias entre los componentes de la nueva unidad familiar, sobre todo, estas discrepancias pueden surgir entre ambos miembros de la pareja si difiere el criterio de ambos respecto a la asunción de responsabilidades que les corresponde a cada uno de ellos. El padrastro o madrasta deberán tener presente que el desempeño de su rol no pasa por sustituir las funciones de los progenitores del niño sino que más bien, deberá ejercer un rol que complemente las funciones parentales que sus progenitores ya cumplen.

A menudo, uno de los cónyuges de la nueva familia se muestra mucho más flexible que el otro en cuanto al cumplimiento de horarios, normas de convivencia..etc, esta situación puede generar malestar entre los miembros de la pareja y/o entre los hijos de uno de los miembros y el padrastro/madrastra. Otras veces, el problema consiste en que cada uno de los progenitores vienen de un estilo educativo propio del hogar anterior, y aunque intenten consensuar la forma en la que van a convivir y las reglas que van a regir esta convivencia, en ocasiones, ambos regresan a los patrones de interacción y educación que habían utilizado previamente, cuando estos patrones (por ejemplo: una mayor permisividad o mayores atenciones) se reproducen pero solo con los hijos propios y no con los hijastros, esta situación va a ser vivida por los niños como un agravio, una injusticia y probablemente, va a generar en ellos sentimientos de rabia, indignación, tristeza e inseguridad y estos sentimientos pueden desencadenar conductas de retraimiento/aislamiento o muestras de rebeldía.

Dentro de los distintos vínculos familiares que se van a establecer en la nueva unidad, el nuevo vinculo que va a establecerse entre el padrastro o la madrastra y los hijos de su pareja, va a ser uno de los vínculos más importantes dentro de la familia reconstituida y va a ser determinante para el buen funcionamiento de esta. El establecimiento y la consolidación de un buen vínculo afectivo entre ellos van a ser un predictor del nivel de satisfacción que tengan todos los miembros pertenecientes a la familia. Debe quedar claro que el establecimiento de los vínculos familiares no se construye fácilmente ni de una forma rápida, todos van a necesitar su tiempo para aprender a querer a los demás y para aprender a relacionarse de una forma adecuada con los demás. Está indicado que este tipo de vínculo se fomente en el afecto, el cuidado y el respeto.

Un aspecto muy importante a cultivar en el establecimiento de vínculos es fomentar el sentido de pertenencia a la familia, este ejercicio deberá hacerse construyendo una base familiar de recuerdos agradables que todos sus miembros compartan, por ejemplo:

- Llevando a cabo actividades de ocio, vacaciones, cocinando juntos, paseando, charlando, jugando..etc.

- También es recomendable usar en nuestro lenguaje la palabra familia, de esta forma los niños pueden interiorizar la idea de que forman parte de dos unidades familiares pero, que al fin y al cabo, ellos tienen una familia en la que sus miembros conviven independientemente en hogares separados.

- Fomentar la cooperación entre todos sus miembros, es decir, no necesariamente debe ser el progenitor quien ayude al niño en las tareas escolares o no tienen por qué ser una tarea únicamente del progenitor la de cuidar a los niños cuando están enfermos, de estas cuestiones puede ocuparse también el padrastro o la madrastra. Debe fomentarse mucho en estas familias la cooperación como valor entre todos sus miembros.

- También es recomendable que los hijastros y los padrastros compartan espacios a solas que les permita conocerse mejor, compartir actividades y disfrutar los unos de los otros. Esta práctica es muy importante para poder crear y consolidar vínculos afectivos entre ellos.

6.2. EL PAPEL DE LAS EMOCIONES EN LA CREACIÓN DE LOS NUEVOS VÍNCULOS Y LA POTENCIACIÓN DE LA INTELIGENCIA EMOCIONAL EN LA FAMILIA.

La adaptación de todos los miembros a la nueva unidad familiar va a ser un proceso lento y que va a requerir de mucha delicadeza, paciencia, buena voluntad e implicación constante por parte de todos sus miembros.

Los adultos deberán estar pendientes de las dinámicas familiares que acontezcan, deberán preocuparse de fomentar las interacciones positivas y deberán fomentar:

- Habilidades sociales como la empatía, esto puede realizarse a través de ejercicios que se fundamenten en el dialogo y la identificación y expresión de las emociones, deberemos fomentar la capacidad de empatía en el niño y que así pueda tener en consideración los sentimientos de los otros miembros que la componen y también preocupándonos por cómo se siente él y fomentando la confianza para que se sienta libre a la hora de expresar sus sentimientos. Por lo tanto, es necesario promover un ambiente que propicie la expresión emocional y que facilite que todos los miembros de la familia puedan expresar sus sentimientos sin miedo a ser juzgados por ello, este es un paso muy importante, y va a ser un factor facilitador en el funcionamiento familiar.

- El dialogo, aprovechar las horas de las comidas para conversar sobre los intereses y los quehaceres de cada miembro, fomentar la escucha activa y las muestras de interés hacia lo que nos cuenta nuestro interlocutor. Si hay más de un niño y todos pretenden hablar a la vez, podemos establecer turnos de palabra para que no acapare la atención uno y los demás queden en un segundo plano.

- Las muestras de apoyo de todos los miembros de la familia en el caso que uno de ellos esté pasando por un momento difícil.

- Evitar que ningún miembro de la familia critique el funcionamiento familiar que hay en el otro hogar.

- Velar porque todos los niños se sientan cómodos y fomentar la cohesión entre ellos aunque no sean hermanos, intentar que en los días que conviven conjuntamente se traten con respeto y fomentar que realicen actividades agradables ellos solos (sin ningún adulto) según su edad lo permita (jugar en casa, salir a jugar fuera, ir de paseo, al cine..etc)

- Si aparece algún conflicto debido a un comportamiento inadecuado de alguno de los niños entonces, quien deberá intervenir siempre, si está presente, va a ser el progenitor y no el padrastro o la madrastra, esto sería contraproducente.

- Cuando aparezcan conflictos o se den dificultades familiares, lo peor que podemos hacer es ignorar la situación, de esta forma no vamos a resolver ningún problema, es mejor abordar los problemas en cuanto los detectemos. La vida es complicada y a lo largo de sus vidas, nuestros hijos van a tener que resolver los problemas que les vayan surgiendo, si les enseñamos a resolverlos cuando éstos aparecen en el ámbito familiar, probablemente en su vida serán personas más resolutivas, dialogantes y tolerantes ya que de pequeños habrán desarrollado esta habilidad. Además, si obviamos que los problemas o los comportamientos no deseados se están produciendo de forma repetida, es probable que las conductas no deseadas vuelvan a reproducirse.

Los adultos de la familia deberán estar alerta para detectar e intervenir si:

- Aparecen sentimientos de culpabilidad del progenitor hacia su hijo. La aparición de este sentimiento propiciaría tal vez una actitud demasiado permisiva por parte del adulto

- O bien si algún o algunos miembros de la familia menosprecian o juzgan los sentimientos de algún otro miembro
- También los adultos deberán estar pendientes de cómo son las relaciones que se establecen entre los hermanastros y reconducir las dinámicas que consideren que no son positivas.

6.3. TAREAS TERAPÉUTICAS PARA LA CREACIÓN DE LA COHESIÓN FAMILIAR

En ocasiones, en la familia reconstituida hay miembros que no sienten como propia esta nueva familia, es decir, en ocasiones, los niños creen que su familia se rompió y que esta nueva unidad de la que forman parte no es su familia y por lo tanto, no la reconocen como tal. Para fomentar la identificación de la unidad familiar como un ente al que pertenecen, nos puede resultar de gran ayuda fomentar juegos, encuentros y tareas que sirvan para que todos los miembros se conozcan mejor y para que se generen dinámicas relacionales positivas.

> Asambleas: Las asambleas o reuniones familiares establecidas con una periodicidad concreta son muy útiles para que todos los miembros puedan exponer aquellas actividades que les gustaría realizar en familia; reforzar comportamientos deseables de los otros miembros respecto la unidad familiar; exponer problemas y buscar aportaciones de todos los miembros para que estos se puedan resolver..etc. Una forma en la que los miembros de la unidad puedan introducir cuestiones que deberían tratarse en las reuniones pero que tal vez, les avergüenza

plantearlas o creen que si lo hacen algún otro miembro pueda sentirse ofendido sería crear un buzón de sugerencias en el que podemos introducir notas en las que planteemos dichas cuestiones. Deberemos tener en cuenta todas las peticiones que se formulen y mostrar respeto absoluto por los sentimientos que expresen todos los miembros de la familia. En la asamblea debemos concretar cuáles son las conductas que realizan otros miembros de la familia y que no nos gusta que acontezcan y cuales son aquellas conductas que nos gustaría que se instauraran en el repertorio conductual de cada uno de los miembros.

➤ Descripción de los otros miembros (nombrando sus características positivas) sin que puedan identificar quien las escribió. El procedimiento consiste en que, en una cajita vamos a poner papeles doblados, cada papel llevará el nombre de un miembro de la familia, entonces, cada miembro va a escribir aspectos positivos de la forma de ser del miembro que le haya correspondido, luego, deberán abocar de nuevo los papeles en la caja para que nadie sepa quien escribió sobre él/ella y los van a ir leyendo.

➤ Cuadro de cualidades. Vamos a formar una ficha por cada miembro de la familia con dos columnas, el resto de los miembros deberá añadir una cualidad de las que posea esta persona y en la columna de al lado, una conducta que le sea propia y que nos gustaría que sustituyera por cualquier otra.

➤ Un regalo para los demás, pero no es válido comprarlo, de nuevo vamos a poner los nombres de cada miembro en un papelito dentro de una caja, luego, cada uno va a coger el papel y va a confeccionar un regalo hecho con sus propias manos para la persona que le haya tocado.

➢ La lista de todo aquello que nos aporta formar parte de esta familia. Esto es, confeccionar entre todos un listado de todo aquello que nos proporciona el hecho de formar parte de esta familia, por ejemplo:
- ¿Qué valores fomentamos?
- ¿Qué sentimientos agradables nos proporciona formar parte de la familia?
- ¿Qué necesidades afectivas cubre nuestra familia?
- ¿Qué otras necesidades cubre la familia como unidad de apoyo?
- ¿Cómo nos motivan sus miembros?

TEMA 7. COMO PODEMOS AYUDAR A INSTAURAR UN CLIMA ARMONIOSO EN LOS DIFERENTES SISTEMAS DE CONVIVENCIA

7.1. CONSTRUIR UN HOGAR ACOGEDOR PARA TODOS

Los adultos que deciden formar una familia reconstituida deben prestar especial atención a la forma en cómo organizan y reparten los espacios del hogar para que éste resulte igual de acogedor para todos los miembros que deben disfrutar de él. Algunas familias comenten el flagrante error de conceder más o mejores espacios a los hijos que tienen en común o a los hijos de uno de los miembros de la pareja por el mero hecho de que éstos conviven en el hogar durante periodos más largos de tiempo que los niños del otro cónyuge. Como hemos mencionado, este será un grave error ya que va a generar en los niños una percepción de injusticia, van a percibir que se dan favoritismos y van a entender esto como un agravio, y por supuesto, de ninguna forma vamos a fomentar que "se sientan en casa" sino que la percepción que van a tener es la de ser los invitados de fin de semana. Es muy importante que cuando los niños lleguen a su hogar sientan que se les está esperando, que tienen su espacio reservado y que disponen exactamente, del mismo espacio, comodidades y privilegios que sus hermanos o hermanastros, aunque solo vengan a pasar dos noches. Por este motivo, los adultos deberán ser cuidadosos y velar porqué se cumplan las siguientes condiciones:

- ✓ Los niños que convivan en el hogar de la familia reconstituida deberán poder disfrutar de su propio espacio personal, esto es, un espacio donde puedan guardar su ropa, su neceser, sus juegos favoritos, y su material escolar. Lo ideal sería que cada uno de ellos disponga de su propio dormitorio pero esto no siempre es posible. En caso que esto no pueda ser y que el niño deba compartir espacios, dentro de este espacio común cada uno debe tener el suyo propio y los otros miembros de la familia deberán respetar este espacio, que es privado y personal, y evitar husmear en él. Cada niño debe tener su propia cama y solo él dormirá allí a no ser que ellos mismos acuerden cambios porque les apetece.

- ✓ Si comparten zonas comunes como puede ser un escritorio o una zona de juegos, cada uno de ellos deberá preocuparse de dejar libre y ordenado el espacio para que los otros integrantes de la familia puedan usarlo cuando les convenga.

- ✓ Hay familias que cometen el gran error de proporcionar más espacio y medios a unos niños de la familia que a otros por el hecho que éstos viven ahí permanentemente y los otros conviven con la familia solo de vez en cuando. Esto es un tremendo error dado que, el hogar es común y todos y cada uno de sus miembros tienen derecho a disfrutar de exactamente los mismos privilegios y comodidades independientemente de si uno de ellos pasa muchas más horas que los demás en el domicilio, es justamente por esta razón que cuando los otros llegan y se instalan deberán tener la sensación que se les está esperando y que disponen de un lugar acogedor donde se guarda su sitio y no se invade y se cuida su intimidad y su bienestar.

- ✓ Es importante también que el niño tenga la libertad de llamar al progenitor ausente en el momento en que lo

desee o necesite y debemos garantizarle la privacidad para que pueda realizar esta llamada.
- ✓ Podemos colgar en la nevera una copia del calendario anual de convivencia en uno y otro hogar para que el niño pueda consultarlo siempre que lo necesite.
- ✓ También es una buena idea tener en las mesitas de noche de cada uno de los niños un retrato del progenitor ausente si así lo desean, sobre todo esto se hace más necesario si los niños son todavía pequeños y si van a estar unos días sin ver a papa o a mamá.

7.2. FOMENTAR UN BUEN AMBIENTE Y REALIZAR ACTIVIDADES AGRADABLES EN FAMILIA.

Con la finalidad de crear cohesión familiar, es importante también que la familia realice actividades agradables conjuntamente. Estas actividades pueden ser cosas simples como:
- ✓ Cocinar juntos
- ✓ Mirar en la televisión un concurso o una película juntos
- ✓ Jugar a un juego de mesa
- ✓ Ir juntos a pasear
- ✓ Preparar un desayuno de domingo especial
- ✓ Preparar unas vacaciones juntos
- ✓ Organizar un picnic
- ✓ Ir juntos a realizar la compra..etc

El hecho de organizar y llevar a cabo juntos estas actividades va a proporcionar sentimientos de pertinencia y cohesión familiar y va a consolidar los vínculos afectivos. Además, estos momentos van a proporcionar a todos los miembros una colección de recuerdos de buenos momentos compartidos y abastecernos de estos recuerdos va a servir de compensación en los momentos más difíciles.

El tiempo de calidad que pasamos en familia va a reforzar la comunicación entre sus miembros y va a facilitar un mayor conocimiento entre ellos, además, si todos los miembros de la familia se divierten juntos se liberan tensiones y esto va a proporcionar una sensación muy agradable a todos sus miembros.

7.3. EL FUNCIONAMIENTO DE LA FAMILIA RECONSTITUIDA. REPARTICIÓN DE RESPONSABILIDADES Y TAREAS

La pareja que forma una nueva familia deberá acordar unas normas de convivencia y deberá ir definiendo los roles que cada uno de ellos va a tener dentro de la unidad familiar (obligaciones, tareas y responsabilidades, ocio en familia, economía doméstica, normas, horarios…etc)

La nueva familia debe cumplir las mismas funciones que cumple la familia convencional, es decir, que debe proporcionar afecto, protección y asegurar que las necesidades de todos los miembros que las conforman queden cubiertas.

Acuerdos y normas:

- ✓ En primer lugar, la pareja deberá decidir dónde van a convivir. Debemos tener presente que si acuerdan vivir en lo que fue el anterior hogar de la familia quebrada, esto va a acarrear algún problema posiblemente. Por una parte los hijos pueden experimentar un sentimiento de "invasión" de su espacio y de traición hacia el miembro de la familia que ya no está, y por otra parte, a los nuevos miembros que se mudan al nuevo hogar, pueden sentirse, tarde o temprano, excluidos o que no forman parte de ese hogar. Por lo tanto, la mejor solución pasa por buscar juntos un nuevo domicilio en el que poder crear un hogar para todos, un lugar en el que nadie se sienta forastero o en el que nadie sienta que está traicionando a su otro progenitor por el hecho de ser feliz allí con los nuevos miembros que conforman la familia.

✓ Desde un principio, la pareja deberá acordar hasta qué punto cada uno de ellos se implicará en la educación, la crianza, y las responsabilidades/obligaciones de los hijos de ambos. Este deberá ser un proceso de participación progresiva, es decir, que el padrastro o la madrastra no puede, al menos en un principio, imponer sus normas y criterios educativos a los hijos de su pareja ya que durante este periodo se están comenzando a consolidar los vínculos entre los miembros de la nueva familia y seria absolutamente contraproducente este tipo de actuación por su parte. Por lo tanto, al principio, deberá ser el progenitor quien siga imponiendo las normas y la disciplina aunque estas estén sujetas a alguna pequeña modificación debido al consenso que la nueva pareja ha determinado para homogeneizar las normas que ambos aplicaban. Es un problema bastante frecuente que el padre biológico se muestre muy flexible en lo que respecta a la educación y la aplicación de normas, cuando esto sucede, si es el padrastro o la madrastra quien impone el cumplimiento de estas normas, entonces, esta situación puede generar desencuentros entre la pareja del progenitor y los hijos de este/esta. Posteriormente, con el paso del tiempo, los hijos de ambos miembros irán identificando al padrastro o la madrastra también como figura de autoridad a quien deben obedecer y respetar. En ningún caso, debe ser solo el progenitor quien se ocupe de hacer cumplir las normas e imponer autoridad, este papel le corresponde también al padrastro o madrastra ya que sino los niños no lo respetaran ni lo consideraran como una figura de autoridad. La mejor recomendación pues, es que el padrastro/madrastra se vaya implicando poco a poco en la responsabilidad de hacer cumplir las normas para que los hijos de su pareja lo/la identifiquen también como una figura de autoridad en el hogar a la que también deben respetar. En todo momento, la pareja debe mostrarse unida cuando intentan imponer la disciplina y un miembro nunca debe desautorizar al otro delante de los niños. La falta de apoyo por parte de la pareja y el posicionamiento a favor de los hijos, afectará a la relación de pareja provocando que el padrastro/madrastra se sienta solo y que no se sienta respetado ni considerado.

- ✓ Deberán decidir también como se organizan a nivel de economía doméstica. Dependiendo de si la vivienda es propiedad de uno u otro miembro o si han adquirido un inmueble conjuntamente o si es de alquiler y en función de cada caso; de los ingresos de ambos; de los días en los que los hijos de cada uno de ellos viven en el domicilio familiar; de cuantos niños tiene cada uno…etc. Por ejemplo, sería razonable que si uno de ellos tienen cuatro hijos y custodia compartida, asuma mayor parte de los gastos en alimentación que el otro que tiene solo un niño y que además pasa la mayor parte del tiempo fuera del hogar ya que es su otro progenitor quien tiene su custodia. Deberán acordar pues las condiciones que van a regir este asunto y si prefieren tener economía compartida, separada..etc

- ✓ El reparto de las tareas domésticas. Por supuesto es recomendable que ambos miembros se repartan las tareas y responsabilidades de forma equitativa y considerando también el horario de trabajo de cada uno. Yo recomiendo responsabilizar a los niños desde pequeños para realizar tareas domésticas. Obviamente de acuerdo con su edad pero ya desde pequeñitos ya que, si esperamos a implantar esta tarea cuando son adolescentes, en ocasiones esto resulta muy difícil de conseguir. La repartición de las tareas va a contribuir a la armonía del ambiente familiar y además va a dotar a los niños de autonomía a lo largo de su vida.

- ✓ Distribución de espacios de la casa. En este punto deberán decidir cómo distribuir el espacio, si se deben compartir o no habitaciones, si se destina una zona de estudio y/o de juego común para todos los miembros de la familia..etc

- ✓ Evitar criticar o cuestionar (ambos miembros de la nueva pareja) el funcionamiento doméstico y familiar que se lleva a cabo en el otro hogar.

- ✓ Coordinarse con los ex cónyuges con la finalidad de ajustar un poco las normas, los horarios y los procedimientos disciplinarios que se aplicaran en ambos hogares, no es necesario que el funcionamiento de los dos hogares sea exactamente del mismo estilo pero si hay una buena coordinación en este sentido, esta similitud ayudará al niño a interiorizar las normas y evitará confusiones.

- ✓ Nunca intentar ejercer el rol de padre o madre de los hijos de nuestra pareja. Este rol corresponde a otra persona y debemos respetarlo y ser cuidadosos para que la expareja no sienta que queremos invadir su espacio ni asumir sus responsabilidades.

- ✓ Establecer normas de convivencia. Una vez que la nueva familia conviva, se deberán establecer y dejar claras, desde el principio, las normas de convivencia en la casa (horas de levantarse, de ir a dormir, qué comer, qué recoger y cuándo, evitar ruidos..etc). El establecimiento de estas normas puede generar desacuerdos en la nueva pareja u oposición por parte de los niños ya que, cada una de las familias de origen, había implementado sus propios criterios educativos y normas de conducta y ahora, la nueva pareja deberá consensuar decisiones para unificar estos principios. Por lo tanto, los hijos de ambas familias deberán regirse por las mismas normas mientras se encuentren en el hogar de la nueva familia.

- ✓ Evitar hablar mal del progenitor ausente delante del niño. Si hacemos esto, lo que podemos conseguir será justamente el efecto contrario al pretendido, es decir, posicionar al niño en nuestra contra y en una posición defensiva hacia al progenitor objeto de la crítica y, además, entrar en esta dinámica, no va a tener ningún efecto beneficioso para nadie. Además este juego puede tener efectos devastadores para la autoestima del niño.

- ✓ Los adultos deberán intervenir cuando aparezcan conflictos entre hermanos y/o entre hermanastros pero cuando creamos que la intervención se hace estrictamente necesaria, cuando el conflicto sea menor, podemos y debemos dejar que ellos solos busquen una solución justa para todos.

- ✓ Ante una situación molesta o conflictiva, debemos evitar juzgar y acusar y antes que nada deberemos preguntar qué es lo que ha pasado y recoger información.

7.4. VENTAJAS E INCONVENIENTES DE LA FAMILIA RECONSTITUIDA

Formar parte de una familia reconstituida nos hace conscientes a todos que no todas las relaciones de pareja perduran en el tiempo. Esto tal vez nos hará más resilientes y permitirá que no nos aferremos de mayores a relaciones que no funcionan. Por otra parte, podemos pensar que formar parte de una familia reconstituida nos enriquece, queremos a más personas, somos capaces de convivir con ellos aunque a penas los conozcamos todavía y somos capaces de respetarnos, ser más flexibles, experimentar nuevas formas de relacionarnos..etc. Los niños pueden sentirse parte de otra familia, esto es, la familia extensa de su padrastro/madrastra, este va a ser otro factor enriquecedor. Por otra parte, las relaciones no siempre son armoniosas ni perfectas y esto les fortalecerá y les va a hacer más transigentes y abiertos. Además, con el ejemplo de una nueva familia que perdura a pesar de las dificultades, comprobarán que es posible mantener una relación de pareja armoniosa y estable y retomar nuestra vida a nivel sentimental a pesar de todo.

En general, las familias reconstituidas muestran un grado menor de cohesión si las comparamos con las familias intactas y esto, conlleva que sus miembros, por lo menos en un principio, no mantengan relaciones tan estrechas como las que mantienen entre sí los miembros de familias intactas pero a su vez, esta situación propicia el hecho que en la familia reconstituida, se den unos patrones normativos y relacionales más flexibles y una mayor capacidad de adaptación al cambio. Los adolescentes pueden verse beneficiados en un principio por esta situación ya que puede facilitarles la negociación de las normas que van a regir la convivencia.

7.5. RESERVAR UN ESPACIO INDIVIDUALIZADO CON LOS NIÑOS CON SU PADRE/MADRE SIN LA PRESENCIA DE LOS OTROS MIEMBROS

El padre/madre que forma una nueva familia deberá reservar espacios de tiempo para poder estar a solas con cada unos de sus hijos (en caso que tenga más de un hijo). Esto es muy importante para que el niño no experimente sentimientos de desapego, abandono o pérdida y para que sienta que su progenitor le dedica exclusivamente a él/ella su tiempo, su afecto y atención. Estos espacios de tiempo en los que el vínculo paterno/filial se afirma y se refuerza, le proporcionan al niño una gran felicidad y le aportan sensación de seguridad y confianza, y por lo tanto, todo ello refuerza su autoestima. No es necesario que este tiempo se ocupe en realizar actividades extraordinarias, simplemente, se puede aprovechar para buscar este espacio en el momento de realizar la compra, en un trayecto en el coche, realizando los deberes de la escuela, jugando juntos un rato, ayudando a cocinar, ver una película juntos, leer un cuento, despertarle con tiempo por la mañana y ofrecerle gestos de ternura..etc.

En estos momentos a solas con nuestros hijos debemos centrar nuestra atención exclusivamente en ellos y mostrar-les que sentimos un interés genuino por todas sus cosas, que nos preocupa saber cómo se sienten, que les comprendemos y que intentaremos ayudarles si se sienten mal.

BIBLIOGRAFIA

- Becoña Iglesias, Elisardo – "Estilos parentales y consumo de drogas" Universidad de Santiago de Compostela Facultad de Psicología – p. 6

- Bernal Samper, Trinidad. (2008) "La mediación: una solución a los conflictos de ruptura de pareja" Editorial Colex (p. 23

- Cantón Duarte, José; Cortés Arboleda, María del Rosario; y Justicia Díaz, María Dolores (2000) "Conflictos matrimoniales, divorcio y desarrollo de los hijos" de Ediciones Pirámide (p. 29, 34-36, 87, 143-144, 193, 204, 221, 228, 263,265)

- Espinar Fellmann, Isabel; Carrasco Galán, M.ª José; Martínez Díaz, M.ª Pilar; y García-Mina Freire, Ana, "Familias reconstituidas: Un estudio sobre las nuevas estructuras familiares"- Revista Clínica y salud, 2003, vol.14 nº3 (p 10, 11, 24-27)

- Feliu Pi de la Serra, Maria Helena (2009) "Vivir bien en pareja" de Plataforma editorial (p. 15, 16, 43,44, 46-50,75, 131, 135, 140)

- Fernández Ros, Carmen y Godoy Fernández, Carmen (2002). El niño ante el divorcio, de Ediciones Pirámide (p. 34-40, 53, 61-68, 163-168)

-

- García Tomé, Margarita. "La mediación en los conflictos de pareja"

- López Sánchez, Félix (2010) "Separar-se sense esquerdes" de Editorial Graó (p. 27, 33, 82-85)

- Puig Martínez, Laura. Curso de intervención en los problemas de pareja (9ª edición)

- Rondón García, Luis Miguel y Munuera Gómez, María del Pilar. Mediación familiar: un espacio de intervención para trabajadores sociales.

Enlaces recomendados

http://revista.universidaddepadres.es

http://www.divorciosexpres.es/

http://mediador.org/programa-de-mediacion-familiar-en-casos-de-separacion-y-divorcio-y-atencion-a-familias-monoparentales/

Made in the USA
Columbia, SC
15 July 2023